企业文化管理的
互体主义模式

马大庆 ◎ 著

企业管理出版社
ENTERPRISE MANAGEMENT PUBLISHING HOUSE

图书在版编目（CIP）数据

企业文化管理的互体主义模式 / 马大庆著. －北京：企业管理出版社，2023.8

ISBN 978-7-5164-2875-7

Ⅰ.①企… Ⅱ.①马… Ⅲ.①企业文化－企业管理－研究 Ⅳ.①F272-05

中国国家版本馆CIP数据核字(2023)第152959号

书　　名：	企业文化管理的互体主义模式
书　　号：	ISBN 978-7-5164-2875-7
作　　者：	马大庆
责任编辑：	蒋舒娟　于湘怡
出版发行：	企业管理出版社
经　　销：	新华书店
地　　址：	北京市海淀区紫竹院南路 17 号　邮　　编：100048
网　　址：	http://www.emph.cn　电子信箱：1502219688@qq.com
电　　话：	编辑部（010）68701661　发行部（010）68701816
印　　刷：	北京虎彩文化传播有限公司
版　　次：	2023 年 9 月 第 1 版
印　　次：	2023 年 9 月 第 1 次印刷
规　　格：	889 毫米 × 1194 毫米　开　　本：1/32
印　　张：	4.875 印张
字　　数：	75 千字
定　　价：	58.00 元

版权所有　翻印必究　·　印装有误　负责调换

前　言

企业管理的文化背景

企业这一概念是从西方引进的，指以营利为目的，从事商品生产、流通或服务活动，独立核算的经济组织。英语enterprise一词原意为企图冒险从事某项事业，后来用以指经营组织或经营体。有企业就有企业管理，企业管理经历了五个发展阶段：一是经验管理阶段，二是以泰罗的理论为代表的科学管理阶段，三是以梅奥的理论为代表的行为科学阶段，四是管理丛林阶段，五是以威廉·大内的理论为代表的企业文化阶段。

企业文化指在一定历史文化背景下产生的管理文化，是企业成员在适应内外环境过程中形成并传承的共有价值观念和行为方式。已经形成和正在发展的企业文化，都是在不同的历史文化背景下产生的。比较研究不同的企业文化，美国企业文化倾向"个人主义"模式，日本企业文化倾向"集体主义"模式。中国拥有悠久而独特的历史传统，那么，中国有没有自己的企业文化模式呢？

现在有两种对立的观点。

一种观点认为"没有"，理由是中华传统文化与现代商品经济格格不入，认为对中华传统文化应在破碎其体系的前提下，将其中若干部件、元素分离出来，加以时代性、社会性改造，并纳入外国先进企业文化模式中，使之成为构建新企业文化体系的有益养分。

另一种观点认为"有"，理由是中华传统文化有自己的处世态度，凡事有原则可依，但可因人、因事、因时、因地应变，以求合理。这种观点认为中华优秀传统文化能够支撑产生中国特有的企业文化模式。但中华传统文化浩如烟海，在此基础上产生的企业文化模式具体是个什么样子无法说清楚。

基于中国企业文化发展现状，分析以上两种观点，"有"中国企业文化模式的认识比"没有"中国企业文化模式的认识前进了一步，但还没有破解如何建立中国企业文化模式这个问题。在外国企业文化理论刚引进中国的时候，照搬照抄情有可原，但在国外行之有效的企业管理文化，到了中国企业总会走调变样，其实践结果往往是流于形式。与此同时，伴随着改革开放，中国经济得到了长足发展，企业竞争力日益增强，人们开始注意到中华优秀传统文化对企业管理的影响，于是乎又照搬照抄古人，一时间儒、释、道、法、墨、兵等都被赋予了中国企业文化的内涵，使人感觉眼花缭乱，云里雾里。中华文化博大精深，如果只是简单搬用，既没有系统梳理，又没有与商品经济和现代企业制度相结合，自然只能是隔靴搔痒。

照搬照抄洋人或古人，实践证明都是行不通的，与此相反，抛开洋人和古人，凭空想象出一套中国企业文化模式，也是不可能的。

中华文明源远流长，是未曾断裂的古老而又现代的文明，在数千年的历史长河中，历经无数次考验和磨难，历久弥坚，始终能从衰微走向复兴，在当今竞争激烈的国际环境中，又焕发出新的生命力。这些事实充分说明，中华优秀传统文化具有哲理性和科学性的内核，这是建立中国企业文化模式的灵魂，是中国企业文化模式的"软件"。

发端于西方的企业组织形式是商品经济的产物，西方商品经济是在封建社会内部产生和发展起来的。11世纪西欧地中海沿岸的一些城市中商业和城市手工业兴起，随着海上贸易规模和范围的扩大，出于资本、人员联合和降低风险的实际需要，出现了现代企业的雏形；14世纪，意大利的一些城市共和国开始出现资本主义萌芽；16世纪，西欧进入了封建社会崩溃和向资本主义社会过渡的时期；19世纪，发达的西方资本主义国家中，建立在市场经济基础上的现代企业制度得到确立；21世纪，在经济全球化的趋势下，企业这种组织形式已经遍布全世界。企业这种组织形式是建立中国企业文化模式的躯体，是中国企业文化模式的"硬件"。

本书尝试从两个方面探讨建立中国企业文化模式的问题，一个方面是在企业管理中振兴中华优秀传统文化，使中华优秀传统文化在世界范围内获得新生；另一个方面是把中华优秀传统文化融入企业管理中，使企业管理在传播中华优秀传统文化的过程中得到提升，这二者是一个事物的两个侧面。

笔者的理论水平不如专家学者，实践经验不如企业家和高级管理者，探讨建立中国企业文化模式这个重大的课题，深感力不从心，书中缺点、错误在所难免，敬请各界人士批评、斧正。

马大庆

二〇二三年元月

目 录

第一章　中华优秀传统文化与企业管理 ———— 1

第一节　《易经》是中华文化的源头活水和遗传基因 ———— 3

第二节　《易经》的哲理性与科学性 ———— 16

第三节　《易经》思维与中国传统家庭和社会 ———— 30

第四节　《易经》思维与中国现代企业和社会 ———— 42

第二章　企业成员价值观念的二重性 ———— 57

第一节　企业商品生产和交换对价值观念的影响 ———— 60

第二节　企业劳资关系对价值观念的影响 ———— 65

第三节　企业联合资本对价值观念的影响 ———— 69

第四节　企业组合劳动对价值观念的影响 ———— 73

第三章　企业成员行为方式的"互体主义" —— 77

第一节　企业成员行为方式与环境 —— 80

第二节　企业成员行为方式的表现 —— 85

第四章　企业成员的事缘关系"互体" —— 93

第一节　劳资的互体关系 —— 96

第二节　师徒的互体关系 —— 99

第三节　主配的互体关系 —— 102

第四节　上下的互体关系 —— 105

第五节　前后的互体关系 —— 108

第五章　企业成员的精神家园"礼堂" —— 111

第六章　企业成员互利精神的对外辐射 ———————— 115

第一节　企业成员互利精神的辐射媒介 ———————— 117

第二节　企业成员互利精神的辐射对象 ———————— 122

结语　企业管理的跨文化协同 ———————————— 135

参考资料 ———————————————————————— 141

第一章

中华优秀传统文化与企业管理

中国从远古走来，在政治、经济、军事、科技、文化等各个方面，其核心竞争力究竟为何？当之无愧的是文化，中国历史上每次大动荡之后，不管在其他方面是得是失，最终结果总是中华文化影响力的扩大和对其他文化的吸收融合。到了近代，西方列强的坚船利炮打击了我们的文化自信，现在我们提出要实现中华民族伟大复兴，要实现对中华优秀传统文化的创造性转化和创新性发展。中华文化发展到今天，其内外环境都发生了很大变化，内部由家庭到家族再到国家的家国体制已不复存在，外部文化交流的途径和方式也都与以往不同，这就要求我们至少要弄清两个基本问题。

一是中华传统文化的核心是什么。传统音乐、中国绘画、唐诗宋词等都是中华文化，但这些不能算是中华文化的核心，研究中华传统文化的核心要从群经之首、大道之源——《易经》入手。二是中华传统文化的社会基础是什么。中华传统文化的社会基础是传统自然经济社会中按血缘关系组成的家族，自然经济解体后，中华现代文化的社会基础包括商品经济社会中按事缘关系组成的企业。

20世纪末，商品经济的发展掀开了企业管理的新一页，企业管理进入企业文化阶段，这使人们眼前为之一亮、精神为之一振，因为哲理、伦理、管理相结合的管理文化是中华文化的优势，中华文化在企业管理中有了用武之地。

第一节 《易经》是中华文化的源头活水和遗传基因

《易经》中的"易"有简易、变易、不易三种含义；"经"指布匹中竖长的基本线，引申为经典著作。

《易经》包括本文和解说两部分，本文部分称作"经"；解说部分称作"传"。

"经"有六十四卦，每卦六爻，由——与--两种符号排列组合而成，——代表阳，称作"阳爻"；--代表阴，称作"阴爻"。每卦都有"卦名"和解说全卦的"卦辞"，"卦辞"是这一卦的占断，"卦辞"后面是"爻辞"，解说六爻每一爻的含义。

"传"有十篇，称作"十翼"，"翼"是辅助阐明"经"的意思。"十翼"为《彖》上下、《象》上下、《系辞》上下、《文言》《说卦》《序卦》《杂卦》十篇。

一、《易经》人更三圣、世历三古

中国现存最早的完整的群书目录，也是我国第一部史志目录《汉书·艺文志》中说："易道深矣，人更三圣，世历三古"。其中"三圣""三古"分别指伏羲、周文王、孔子和上古、远古、下古，就是说易学源远流长，经历很长的时间，积累多位圣贤的心血而成。

（一）伏羲氏画"八卦"

《易经·系辞》中说："古者包牺氏（伏羲氏）之王天下也，仰则观象于天，俯则观法于地，观鸟兽之文，与地之宜，近取诸身，远取诸物，于是始作八卦，以通神明之德，以类万物之情。"传说，伏羲氏用"--阴""—阳"两种符号排列组合成"八卦"，就是观象取物，对世间瞬息万变的万事万物进行抽提总结，即"☰乾""☷坤""☳震""☴巽""☵坎""☲离""☶艮""☱兑"，象征天、地、雷、风、水、火、山、泽八种自然现象。"一阴一阳之谓道"是"八卦"的灵魂。

(二)周文王作"卦辞"和周公作"爻辞"

《史记》自序中说："西伯(周文王姬昌没有称王时的爵位)囚羑里,演周易。"相传姬昌被商纣王囚禁在羑里期间,发奋钻研,将八卦推演为六十四卦和三百八十四爻并作"卦辞"。而后,周文王的儿子,制礼作乐的周公,又为三百八十四爻做"爻辞"。自此,《易经》的六十四卦和三百八十四爻都有了比较系统的文字说明。

(三)孔子与"十翼"

《史记·孔子世家》中说："孔子晚而喜《易》,序《彖》《系》《象》《说卦》《文言》。读《易》,韦编三绝。"《论语》中孔子说："加我数年,五十以学易,可以无大过矣!"有一种说法是,孔子及其弟子为阐明易理著"十翼",将自然法则与人文法则结合了起来。《易经·说卦》中说："昔者圣人之作《易》也,将以顺性命之理。是以立天之道,曰阴与阳;立地之道,曰柔与刚;立人之道,曰仁与义。兼三才而两之,故《易》六画而成卦。"宇宙之间,可以效仿的最大对象就是天地,所以，天地生生不息的变化作用法则，也就可以成为人类社会的行为法则。仁、义、礼、智、信的道德要求，并非人类社会自定的约束，而是宇宙精神本来就是如此，人类具备认识这一宇宙精神的能力，而且人类应当以宇宙精神培育道德修养，使其在事业中发挥作用。

（四）《易经》贯穿中华文化发展全过程

经过多年研究，学者基本认定《易经》的卦爻辞为周初所作，易传则成书于战国。

《易经》产生于科学不发达的时代，是当时人们对自然现象和科学规律的提炼和总结。《易经》被奉为儒家经典的"群经之首"，成为中华传统文化的主流。其行世以来，被历代学者研究阐发，对中国历史的政治、经济、文化发展都产生了极其深刻的影响。

二、《易经》影响中华文化的各个方面

《易经》是中华文化的"纲"，"举一纲而万目张"，中华文化博大精深，众多的"目"都要受这个"纲"的影响和支配。

（一）《易经》对中国衣食住行等方面的影响

古今中外人们的日常生活，都离不开衣、食、住、行，当然，在不同文化的影响下，人们的生活方式不尽相同。中国的生活方式体现顺应自然、渐进、宁静、和谐；相比之下，西方的生活方式体现征服自然、斗争、开拓、变革。

1.《易经》对中国服装的影响

中国历史上很多时候的服装受《易经》思维影响，分上衣下裳，上衣为阳、下裳为阴，整体特征是宽、圆、舒，体现人与自然的和谐。

2.《易经》对中国饮食的影响

中国餐具的典型代表是筷子，两根筷子为一双，在使用时一根动一根不动，动者为阳、不动者为阴，筷子一头方一头圆，方象征地为坤，圆象征天为乾，使用时坤在上乾在下，就是地天"泰"卦。中餐丰富多样、变化无穷，讲究应时、搭配、调和，已经发展成为一种艺术，这都受到《易经》思维的影响。

3.《易经》对中国建筑的影响

中国传统建筑讲究整体布局与意境。传统民居四合院，建筑布局是正房（南房）对倒座（北房）、东房对西房，东南为阳、西北为阴；大宅院的布局是中轴线对称，主要建筑面向南，建在南北走向的中轴线上，其他建筑东西对称、南北呼应。这种南与北、东与西对称呼应的建筑布局，是受《易经》思想的影响，体现了人际关系。

4.《易经》对中国车辆的影响

中国古代受《易经》思想的影响，造出两个车轮的人力和畜力车辆，左轮为阳、右轮为阴，既可运输又可用于作战，战车在古时的战场上是速度快、威力大的先进武器。

5.《易经》对中国医学的影响

中医以《易经》为理论基础，代表作有《黄帝内经》。中医认为人体是阴阳和谐的统一体，阴阳平衡、协调便是健康，阴盛阳衰或阳盛阴衰都是不健康的表现。人体又是与宇宙大系统对应的小系统，自然界的各种变化都会对人体产生影响，人体各部分之间也会相互影响。中医讲究辨证施治、整体调节，体现人与自然和谐相融的观念。

6.《易经》对中国武术的影响

中国武术门类众多，各有所长，但殊途同归，总的要求是内练一口气、外练筋骨皮。其中太极拳比较能体现《易经》的原理，以阴阳变化为基础进行攻防转换，讲究以静制动、以柔克刚、借力打力、有虚有实，以达到四两拨千斤的功效。

7.《易经》对中国算盘的影响

中国的算盘被称为古代计算机，是应用《易经》原理在算筹的基础上发明的。算盘由框、梁、档、珠、杆组成，一般为九档以上，每档梁上两珠为阴，梁下五珠为阳，运算时杆为阴、珠为阳，以梁为中线，拨珠靠梁，梁上每珠作数五，梁下每珠作数一，各档为十进制，梁上珠为二进制，梁下珠为五进制。

（二）《易经》对中国琴棋书画等方面的影响

艺术来源于人们的日常生活，是人类美的创造物，因此，不可避免地要受到世界观的影响。中国艺术追求意境、重情、生动、平衡，相比之下，西方艺术追求真实、重理、直白、凸显。

1.《易经》对中国音乐的影响。

中国人很早就掌握了七声音阶，但受《易经》的影响，中国音乐一直偏好比较和谐的五声音阶和十二律吕，而且将音乐与伦理道德联系起来，发展出一套"礼乐制度"。五声音阶是宫、商、角、徵、羽；十二律吕中，黄钟、太簇、姑洗、蕤宾、夷则、无射为六阳律，大吕、夹钟、仲吕、林钟、南吕、应钟为六阴吕。演奏时讲究五声相和、律吕相谐、阴阳相错、平和适听。

2.《易经》对中国围棋的影响

围棋起源于中国，受《易经》思维影响，围棋与国际象棋有很大的不同，围棋棋盘不划分固定区域，由横竖各19条线相交，产生361个点，棋子没有固定的名称和明确的职责，只分黑白两色，黑子181枚为阴，白子180枚为阳，合计361枚。弈棋时呈现出阴阳消长、对立统一、动静结合、进退互补的无穷变化，不在于争一时之得失，而是追求在大局中刚柔相济、处变不惊等高尚典雅的境界。

3.《易经》对中国书法的影响

写书法用的是毛笔，笔毛柔软属阴，字迹却追求刚健属阳。书法作品讲究笔画轻重顿挫、字距疏密错落、布局跌宕起伏，无一不是阴阳相应。中国书法已经成为一种独一无二的艺术，这种艺术与《易经》的精神相契合，崇尚自然、朴拙，已经脱离了单纯的技法，成为锤炼品德的修养之道。

4.《易经》对中国绘画的影响

中国的水墨画主要运用线条和墨色变化,以浓淡、明暗、向背、虚实、疏密、有无等阴阳对比手法来描绘物象与经营位置。受《易经》影响,中国绘画追求传神、注重意境、讲究留白,并且中国绘画集诗、书、画、印于一身,形成了独特的艺术形式。

5.《易经》对中国舞蹈的影响

舞蹈被誉为"艺术之母",在乐器产生之前,先民以歌伴舞,所以有载歌载舞的传统。受《易经》思维影响,中国舞蹈的特点是"画圆",在动作上讲究欲进先退、欲伸先屈、欲起先伏、欲高先低、欲直先迂的阴阳转换原则。中国舞蹈侧重内在"心动",动作呈内聚形态,示意性强,表示天地沟通。

6.《易经》对中国雕塑的影响

中国雕塑内容丰富、形式各异、手法多样、材质广泛,受《易经》思维影响,中国雕塑充满了写意传神的特点,多与建筑或器物配合,追求阴阳和谐、相映生辉的艺术效果。

7.《易经》对中国文学的影响

中国文学受《易经》思维影响,从语言文字到思想内容,形成了二维双向的阴阳观念体系,特别是在唐诗宋词中得到了充分的体现。

(三)《易经》对诸子百家的影响

中国的春秋战国时期,是社会大变革时期,这一时期,战争频繁,诸侯争霸,文化繁荣,百家争鸣。各阶层都对社会变革提出自己的看法和主张,表现形式虽然各不相同,但究其思想根源,都有《易经》思维的影响。

1.《易经》对儒家的影响

孔子是儒家学派的创始人,其思想体系的核心是"仁",《说文解字》解释:"仁,亲也,从人、二。"按照孔子自己的解释就是"仁者,爱人"。对孔子提出的"仁",从古至今始终存在一种错误的认识,战国时期的墨子批评儒家"爱有差等",现在有人提出西方基督教是"博爱",中国儒家是"差序爱",其实从孔子思想体系和"仁"字本身,我们不难看出,孔子提出的"仁",是二人之间的"互爱",也就是《易经》中阴阳之间的感应。为什么要"互爱"?道理很简单,因为人在社会中扮演着各种相互关联的角色,人与人之间由于角色不同而互相需要。

在现实生活中，一个人不可能与所有人接触，接触的人又有角色的不同，这是自然形成的差别，如果我们每个人都能扮演好自己的各种角色，又与对应角色的人"互爱"并连接起来，那么就能织成一张"互爱"的大网。

2.《易经》对道家的影响

老子是道家学派的创始人，其思想体系的核心是"道"，《道德经》中说"道生一，一生二，二生三，三生万物。万物负阴而抱阳，冲气以为和。"老子认为"道"是万物的本源和自然规律，"道"生万物，包含有无、强弱、刚柔、动静、祸福等方面的互相依存和不断变化，这就是《易经》中阴阳的各种表现形式。

3.《易经》对佛教的影响

西汉末年，佛教经中亚传入中国，并在中国开枝散叶。唐代僧人慧能创立了禅宗南宗，其基本思想是"见性成佛"。禅宗宣扬"定慧体一不二"，也就是说定与慧是一个事物的阴阳两个方面，"我佛一体"，只要放下屠刀就能立地成佛。这些思想不能说没有受到《易经》的影响。

4.《易经》对法家的影响

韩非子是法家学派思想的集大成者,其思想体系的核心是"法"。此"法"并非只指重罚。中国古代法家提出的"法",受《易经》思维影响,既有罚又有赏,有阴阳两个方面。而且,立"法"的根据是"人情者有好恶,故赏罚可用",这一点与《易经》"趋利避害"的道理是一致的。

5.《易经》对墨家的影响

墨子是墨家学派的创始人,其思想体系的核心是"兼爱""非攻"。"兼爱"就是不分彼此、远近、亲疏,不受时空限制,无差别地爱一切人,就如同爱自己一样。"非攻"就是反对一切非正义的战争,对防御战则是支持的。墨家受《易经》影响,既讲"兼爱"又讲"非攻",只有兼爱才能做到非攻,也只有非攻才能保证兼爱,这二者是墨家思想的阴阳两个方面。

6.《易经》对兵家的影响

孙子是兵家学派的代表人物,其思想体系的核心是"兵",《孙子兵法》开篇就说"兵者,国之大事,生死之地,存亡之道,不可不察也。"兵家也受《易经》思维的影响,在战略层面追求不战而胜的最高境界,认为"是故,百战百胜,非善之善者也;不战而屈人之兵,善之善者也",战为阳、不战为阴,阴阳不测之谓神;在战术层面讲究众寡、强弱,攻守、进退,奇正、虚实、动静、勇怯、治乱、胜败等阴阳两个方面的相互依存和转化。

第二节 《易经》的哲理性与科学性

《易经》能流传数千年不衰,并影响中华文化的各个方面,是因为《易经》占领了哲学的制高点,而且符合科学原理。

一、《易经》的哲理性

哲学的根本问题是思维对存在、精神对物质的关系问题,围绕对这一根本问题的不同回答,西方哲学从古希腊到现在,是一部唯物主义和唯心主义以及辩证法和形而上学之间的斗争史。中国哲学早在数千年前就另辟蹊径,走出了一条不同的发展道路。《易经·系辞》中说:"子曰'书不尽言,言不尽意。'然则圣人之意,其不可见乎?子曰'圣人立象以尽意,设卦以尽情伪,系辞焉以尽其言,变而通之以尽利,鼓之舞之以尽神。'"《易经》用六十四卦来表达哲学思想,并附卦辞、爻辞加以说明,好像美学理论的"接受美学",是一种"接受哲学",给学习者留下发挥想象力和进行创造性应用的空间，也就是我们常说的可"悟道"。

（一）《易经》的一生二元论

西方哲学始终存在一元论和二元论之争，一元论导致唯物主义和唯心主义的对立，二元论则陷入不可知论的泥潭。中国哲学思想源远流长，《易经·系辞》中说："是故，《易》有太极，是生两仪，两仪生四象，四象生八卦，八卦定吉凶，吉凶生大业。"（如图1-1所示）

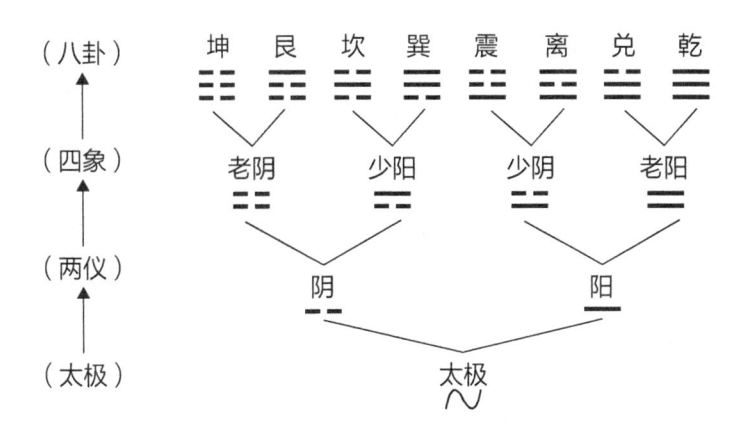

图1-1 传说中伏羲画八卦推演图

从图1-1八卦的推演过程，我们可以看出，《易经》既不是太极的一元论，也不是阴阳的二元论，而是太极生两仪的一生二元论，四象、八卦和六十四卦，都是由阴阳两仪的各种排列组合构成的。《易经·系辞》中说"形而上者谓之道，形而下者谓之器"，阴阳合者为太极即道，阴阳分者为两仪即器，太极和两仪是一体两面的关系，用《易经》的说法叫作"一阴一阳之谓道"，用老百姓的说法叫作"一个巴掌拍不响"。

其实中国哲学对《易经》的认识，也有一个演变的过程。《周礼》记载："（太卜）掌三易之法，一曰连山，二曰归藏，三曰周易。其经卦皆八，其别皆六十有四。"《连山》由艮卦开始，象征"山之出云，连绵不绝"，艮卦阳少阴多是阳卦。《归藏》由坤卦开始，象征"万物莫不归藏其中"，坤卦是纯阴卦。《周易》是周代的易经，由乾、坤二卦开始，象征"天地之间，天人之际"。《连山》《归藏》已经失传，有少数佚文存世（近年也有相关出土文物），我们说的《易经》主要指《周易》。春秋时，孔子好《易》崇尚阳刚，老子著《道德经》重视阴柔，都是为了达到格物致知和实现理想社会而进行的学术研究。西汉时，董仲舒在"天人感应"学说中，借"孔孟之道"偷梁换柱，提出"三纲五常"，"三纲"指"君为臣纲，父为子纲，夫为妻纲"，其实质是"阳为阴纲"，这就偏离了八卦的本意，已经沦为统治者的政治工具。南宋时，朱熹在"理学"中，将儒、道、佛三者一锅煮，提出"存天理，灭人欲"，其实质是"存阳灭阴"，这就违反了八卦的本意，已经成为精神枷锁。

当下，我们应当正视中国自己的文化，对西方的文化也不能只学个皮毛，先贤给我们留下的《易经》，是一笔珍贵的财富。

（二）《易经》的阴阳观

辩证法和形而上学是西方哲学的两种对立学说，辩证法经历了古代的朴素辩证法、黑格尔的唯心辩证法和马克思的唯物辩证法三种基本形态。西方近代辩证法，是德国哲学家黑格尔创立的，他在自传中说，是受到中国《易经》的启发，才创立了正、反、合辩证法，后来这位西方哲学家感叹，他一生中最大的遗憾，是没有完全学透中国的《易经》。

《易经》充满了辩证思维，以阴阳变化阐释宇宙万物的一切现象（如图1-2所示），具体表现在以下五个方面。

图1-2 太极图（阴阳鱼）

（1）阴阳相对。阴阳相对指宇宙间万物万象的内部都同时存在着阴阳相对的两个方面，如太极图中阴阳是相反的，然而，阴中有阳，阳中有阴，因此，阴阳又是相成的。《易经·系辞》中说："日月运行，一寒一暑。乾道成男，坤道成女。"宇宙间万物万象是成双成对出现的，如天对地、日对月、寒对暑、男对女、刚对柔、动对静等。《易经》的卦象就是由阴阳两种相反的符号组成的，其中，四象由两对阴阳相反的符号排列组合构成，八卦由四对阴阳相反的符号排列组合构成，六十四卦由三十二对阴阳相反的符号排列组合构成。《易经·系辞》中说："天地氤氲，万物化醇。男女构精，万物化生。"阴阳相反的矛盾，是一切事物的根本矛盾，然而阴阳是相反的又是相成的，唯有这种相成，才能产生变化，生成万物，故阴阳的相反与相成贯穿一切事物的始终。

（2）阴阳属性。阴阳属性指宇宙间万物万象不但存在阴阳相对的两个方面，而且具有阴阳相对的两种属性，如太极图中的阴暗部分属阴、明亮部分属阳，然而，阴中有阳，阳中有阴，因此，阴阳又是互相包含的。《易经·系辞》中说："子曰'乾坤，其《易》之门邪？'乾，阳物也；坤，阴物也。"在宇宙间万物万象中，相对静止的、减退的、消极的、阴暗的、寒冷的、内在的、隐藏的、被动的、空虚的属阴；反之则属阳。例如：天、日、父、男、义、高、奇、上、前、明、往、昼、尊、贵、福等属阳；地、月、母、女、仁、低、偶、下、后、暗、来、夜、卑、贱、祸等属阴。

（3）阴阳互根。阴阳互根指宇宙间万物万象中阴阳相对的两个方面和两种属性具有互相依存、互相为用的关系，如太极图中阴阳各以对方的存在为前提，"孤阳不生，独阴不长"，没有阴，阳不能存在，没有阳，阴也不能存在，而且，阴中有阳，阳中有阴，因此，阴阳又是互相孕育的。《易经·系辞》中说："一阴一阳之谓道"，没有乾，就没有坤；没有天，就没有地；没有日，就没有月；没有男，就没有女；没有高，就没有低；没有长，就没有幼；没有奇，就没有偶，等等。

（4）阴阳消长。阴阳消长指宇宙间万物万象中阴阳相对的两个方面和两种属性是运动变化的，其运动是以彼此消长的形式进行的，如太极图中的阴阳不是静止的、均等的，而是处在彼消此长、此退彼进的动态平衡中，而且，阴中有阳，阳中有阴，因此，阴极生阳，阳极生阴，物极必反。《易经·系辞》中说："日往则月来，月往则日来，日月相推而明生焉。寒往则暑来，暑往则寒来，寒暑相推而岁成焉。"所谓往来就是阴阳消长，由白天变黑夜，由黑夜变白天，天气由热变冷，由冷变热，用日月、寒暑的变化规律反映事物发展变化的规律。

（5）阴阳转化。阴阳转化指宇宙间万物万象中阴阳相对的两个方面和两种属性在一定条件下是可以相互转化的。这种转化分为两类。一类是事物内部的绝对转化，如太极图中阴中有阳，阳中有阴，正是由于事物内部潜藏着与本身相反的因素，才推动事物从内部起变化，由量变到质变。《易经·系辞》中说："刚柔相推而生变化。"当阳刚居主导地位时，事物呈现阳性，当阴柔居主导地位时，事物呈现阴性。另一类是事物外部的相对转化，在事物本身阴阳属性没有改变的情况下，与其相对应的外部条件发生变化，则事物本身的阴阳属性会发生相对转化。《易经·系辞》中说："刚柔相推，变在其中矣。"例如男对女是阳刚，但子对父时则成为阴柔；女对男是阴柔，但母对子时就成为阳刚。又如前对后是阳刚，前对更前则成为阴柔；人在行动时阳刚，在静处时阴柔，等等。

（三）《易经》的时位观

自然界一切事物的变化，无不视当时的时间与空间因素，表现出阴与阳，具备刚柔、健顺、动静的性质。

"时"指六十四卦中每一卦的时点，象征自然或人事在不断变化的过程中某一瞬间的现象。在日常生活中,时间按季节表现为春、夏、秋、冬,按顺序表现为过去、现在、未来。

"位"指六爻中每一爻的位置,由下向上依次为初、二、三、四、五、上,其中,初与二象征地,三与四象征人,五与上象征天。在日常生活中,空间按方位表现为东、南、西、北,按位置表现为上下、前后、左右。

(四)《易经》的中正观

中国传统文化讲究中庸和名正就是源自《易经》,在变幻莫测的自然环境中做到能进能退,当然要得中,而且要得正,名正才能言顺。

"中"指下卦的二爻和上卦的五爻,因为在中间故称作"得中",但是,这个"中"不是静止的、固定的,而是运动的、变化的。例如在六爻中,对二、三、四爻来说,三爻是中;对三、四、五爻来说,四爻是中。另外,阴阳两端是由连续的过渡性变化连接的,因此,在阴阳之间也存在着"中",而且,这个"中"随着阴阳的消长而变化。这就是《易经》中所说的"不固而中"和"时中",也是孔子提出"中庸之道"的根据。

"正"指在奇数的阳位是阳爻,即初、三、五应当是阳爻,在偶数的阴位是阴爻,即二、四、上应当是阴爻,这时称作"得正"。相反,如果在奇数的阳位是阴爻,在偶数的阴位是阳爻,就是"不正"。

(五)《易经》的应比观

自然界中的一个普遍规律是:同性相斥,异性相吸。

"应"指下卦与上卦各自的一、二、三爻,即初与四、二与五、三与上各自有对应关系,但必须是一阴一阳,异性相吸,才能"相应"。如果都是阴或都是阳,同性相斥,则"不相应"。

"比"指六爻中相邻的两个爻,即初与二、二与三、三与四、四与五、五与上,如果是一阴一阳,异性相吸,有亲近感,称作"相比";如果都是阴或都是阳,同性相斥,则"不相比"。在《易经》中,近邻的"相比",要比远方的"相应"重要,也就是我们常说的"远亲不如近邻"。

(六)《易经》的发展观

《易经》中的"易"有简易、变易、不易三种含义。宇宙万物万象时刻发展变化,所以说变易;发展变化的万物万象有一定的规律可循，所以说不易；而且一切发展变化都是从简单的形式开始的，所以说简易。

二、《易经》的科学性

科学是关于自然、社会和思维客观规律的系统性知识。科学这个概念是从西方引进的，那么，为什么《易经》具有科学性？因为《易经》是统领科学的哲学。《易经·系辞》中说："《易》与天地准，故能弥纶天地之道。"

（一）《易经》与数学

《易经》包括象、数、理、占，数是《易经》的有机组成部分，在中华文化中考证数的起源离不开《易经》，太极生两仪、两仪生四象、四象生八卦，八卦相重又有六十四卦，卦有卦数，爻有爻数。如果把阳爻看成数学的正号"＋"，把阴爻看成数学的负号"－"，由两个爻排列组合的四象：（＋，＋）（＋，－）（－，＋）和（－，－），就是平面直角坐标系的四个象限；由三个爻排列组合的八卦：（＋，＋，＋）（＋，＋，－）（＋，－，＋）（＋，－，－）（－，＋，＋）（－，

+，-）（-，-，+）和（-，-，-），就是空间直角坐标系的八个象限。

（二）《易经》与场论

场论指各种物理场的运动规律及其相互作用的理论。物理场即相互作用场，是物质存在的两种基本形态之一，另一种基本形态是实物，实物之间的相互作用依靠有关的场来实现。场论中电磁场的理论发展得最为完整，电荷有正、负两种，磁体分N、S两极，电场和磁场中都表现为同性相斥、异性相吸，这就是《易经》中阴阳之间同性相斥、异性相吸的具体表现。

（三）《易经》与计算机

计算机的工作原理是二进制，因为电流只有开和关两种模式，德国科学家莱布尼兹发明二进制，奠定了计算机的理论基础。以前人们很难理解《易经》为什么能够表现变化无穷的大千世界，现在我们可以借助计算机的工作原理，来加深对这一问题的理解。二进制的0与1就相当于《易经》中的阴与阳，在计算机工作时，0表示电流未通过，1表示电流已通过，反映在屏幕上，0表示不发光，1则表示发光。黑白屏幕的画面，是由发光与不发光的小点点组成的,它只有图像没有色彩,但当屏幕上的小点点加上红、绿、蓝三原色,并与一连串二进制的数字连接时,便可以表现不同的颜色,形成五彩缤纷的逼真影像。《易经》中"两仪生四象"相当于计算机的黑白画面,"四象生八卦"相当于计算机的彩色画面,一组阴与阳无法反映真实世界,因此,必须让更多的阴与阳进行各种不同的排列组合,将八卦重叠成六十四卦,才能表现出变化无穷的大千世界。

(四)《易经》与遗传密码

生物遗传的物质基础是核酸,核酸有两种:一种是核糖核酸(RNA),另一种是脱氧核糖核酸(DNA)。这两种物质的结构与功能各不相同,DNA和RNA中的磷酸基是没有区别的,但是糖有两种,即核糖与脱氧核糖,每种糖可以分别接四种碱基(如图1-3所示)。DNA主要携带和传递"上一辈"传下来的遗传信息,RNA则是转录DNA携带的遗传信息,并据此指导合成新一代的蛋白质。

我们可以这样理解,DNA分子由两条核苷酸链构成,它们走向相反,都是右手螺旋,平行地环绕一个共同的轴而形成双螺旋结构，那么，对应的两条链就是《易经》的"两仪"，两条链通过碱基对之间的氢键相互结合，四种碱基就对应《易经》的"四象"。

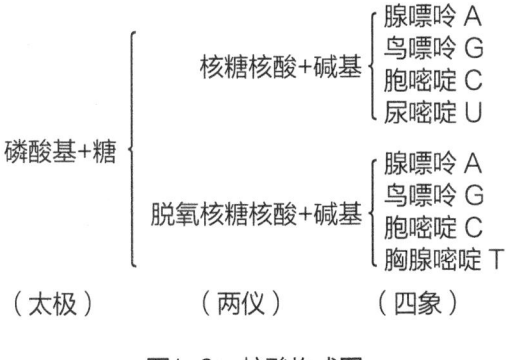

磷酸基+糖 {
　核糖核酸+碱基 { 腺嘌呤 A / 鸟嘌呤 G / 胞嘧啶 C / 尿嘧啶 U }
　脱氧核糖核酸+碱基 { 腺嘌呤 A / 鸟嘌呤 G / 胞嘧啶 C / 胸腺嘧啶 T }
}

（太极）　　（两仪）　　（四象）

图1-3　核酸构成图

第三节 《易经》思维与中国传统家庭和社会

《易经》的影响及于中华文化的各个方面，其中受影响较为深远的是建立在传统自然经济基础上，以血缘关系为纽带的中国传统家庭和社会。《易经》深深植根于中国传统家庭和社会这块土壤之中。《易经·序卦》中说："有天地然后有万物，有万物然后有男女，有男女然后有夫妇，有夫妇然后有父子，有父子然后有君臣，有君臣然后有上下，有上下然后礼仪有所错。"

个人、家庭（扩大至家族）、社会的关系是人类社会的普遍问题，中国传统文化主张"个人→家庭→社会"和谐有序发展。《大学》中说："身修而后家齐，家齐而后国治，国治而后天下平。"从中西方历史的实践看，西方似乎是个人→社会，弱化了"家庭"这一环；中国似乎是家庭→社会，弱化了"个人"这一环。这是因为西方文化以"个人"为单元，人与人、人与社会的关系都通过"契约"来确定，西方家庭成员之间的关系类似"契约制";中华文化以"家庭"为单元,认为孤阴不生、独阳不长,只有男人和女人互相结合的家庭才是一个整体,中国家庭成员之间的关系是"互助制",社会是家庭的延伸和扩大,所以《中庸》中说"君子之道,造端乎夫妇;及其至也,察乎天地"。

一、《易经》思维与中国传统人伦关系

人自身的生产是人类社会最古老的问题之一,经历了一个逐步秩序化的漫长过程,其实质是男女关系问题。远古时期,人类按血缘关系自然形成原始群,在原始群内男女性交关系处于杂乱状态,没有夫妻、父母、子女、兄弟、姐妹的区别,随着社会的发展,陆续出现了血缘婚家族、亚血缘婚家族、对偶婚家族和一夫一妻(妾)专偶婚家庭四种家族(家庭)形式。在前三种家族形式中,人们从只知其母不知其父,到逐步缩小和明确父亲的范围,是人类自身生产从集体所有向私人所有过渡的阶段,在第四种家庭形式中,人们才确切知道自己的父亲是谁,人类自身生产进入了私人所有阶段。

人类自身生产进入私人所有阶段后,一夫一妻(妾)专偶婚

家庭成为人类自身生产的基本单位，是确定人与人之间社会关系的基础。中国古人以家庭关系为基本形态，运用《易经》"一阴一阳之谓道"的原理，效法天地运行法则，提出夫妇、父子（母女）、兄弟（姐妹）、君臣、朋友的"五伦"关系，大体上涵盖了社会各种各样的人际关系，夫妇、父子、兄弟三伦本身就是家庭关系，其他二伦，君臣和朋友也是从家庭关系中衍生出来的。《中庸》中说："君臣也，父子也，夫妇也，昆弟也，朋友之交也，五者天下之达道也。"

（一）"五伦"关系中的"仁"与"礼"

"五伦"关系即夫妇、父子、兄弟、君臣、朋友都是由一阴一阳组成的，其中，夫、父、兄、君、朋为阳；妇、子、弟、臣、友为阴，"五伦"关系的本质是"仁"，其表现形式是"礼"。"五伦"关系中的"仁"，是人与人之间的"互爱"，它来源于《易经》中的阴阳感应，要求夫与妇、父与子、兄与弟、君与臣、朋与友之间要"互爱"。"五伦"关系中的"礼"，是自然秩序的体现和人性的需要，它来源于《易经》中的阴阳有别，表现夫与妇、父与子、兄与弟、君与臣、朋与友之间的区别。在"五伦"关系中,"仁"的本质是相同的,而"礼"的表现形式是不同的。《礼运》中说:"何谓人义?父慈、子孝、兄良、弟悌、夫义、妇听、长惠、幼顺、君仁、臣忠,十者,谓之人义。"

(二)"五伦"关系中的"序"与"和"

"五伦"关系是按阴阳排序的,每一伦都是先阳后阴,即夫为阳、妇为阴,父为阳、子为阴,兄为阳、弟为阴,君为阳、臣为阴,朋为阳、友为阴,"五伦"关系有"序"才能达于"和",目的是减少内耗、形成合力。"五伦"关系中的"序"指夫与妇、父与子、兄与弟、君与臣、朋与友之间的相对位置,不同位置依其阴阳属性,具有相应的道德准则和行为规范,只要每个人的言行都符合自己的身份,就能实现理想的社会秩序。"五伦"关系中的"和",是指夫与妇、父与子、兄与弟、君与臣、朋与友要发挥各自应有的作用,每个人在社会上的相对位置和阴阳属性不同,所以作用就不同,夫、父、兄、君、朋要发挥阳的作用;妇、子、弟、臣、友要发挥阴的作用,阴阳配合,生生不息,是天下最大的"和"。在"五伦"关系中,"序"的目的在于"和"。《孟子》中说:"圣人有忧之,使契为司徒,教以人伦,父子有亲,君臣有义,夫妇有别,长幼有叙,朋友有信。"

(三)"五伦"关系中的身份转换

"五伦"关系是开放式阴阳二元结构,从社会角度看,人们基于角色的阴阳属性连接起来,结成一张社会关系的大网;从个人角度看,人们同时具有多种身份,而且各种身份的阴阳属性可以相对转换。例如:一个男人对妇是夫属阳、对父是子属阴、对子是父属阳、对兄是弟属阴、对弟是兄属阳。人们身份的多重性,决定了人们价值观念和行为方式的多重性,而且这种多重性可以归纳为阴阳两大类,人们在不同场合因身份不同而表现不同的言行,或为阳刚,或为阴柔。《易经·说卦》中说:"分阴分阳,迭用柔刚,故《易》六位而成章。"

二、《易经》思维与中国传统自然经济

人类最初靠采集和狩猎为生,随着人类社会的发展,人们开始从事畜牧业生产、农业生产、手工业生产和商业活动。《易经·系辞》中说:"古者包牺氏之王天下也……作结绳而为网

罟，以佃以渔，盖取诸《离》。包牺氏没，神农氏作，斫木为耜，揉木为耒，耒耨之利，以教天下，盖取诸《益》。"在原始社会，物质资料生产活动以氏族为单位，氏族内部是公有制，随着婚姻形式的演变和生产力的发展，物质资料生产单位逐渐缩小，由氏族分解为家族，再由家族分解为家庭，这时，家庭成为社会细胞，家庭内部实行公有制，而由家庭组成的社会是私有制。

中国进入私有制社会阶段后，一夫一妻（妾）专偶婚家庭成为物质资料生产的基本单位。中国古人根据《易经》天地人"三才之道"，认为人应该与天、地相结合，而且，天、地、人各自都是与阴阳匹配的，因此，中国很早就确立了土地私有制，并在此基础上形成了一家一户"互助制"传统自然经济结构。《易经·系辞》中说："《易》之为书也，广大悉备。有天道焉，有人道焉，有地道焉。兼三才而两之，故六。六者非它也，三才之道也。"

（一）传统自然经济中的男耕女织

男耕女织是传统自然经济中阴阳的自然互助形式，建立在男女生理差别和比较优势基础之上，男为阳、女为阴，男耕指家庭农业，包括耕地、播种、浇水、施肥、除草、收割等劳动，主要解决家庭成员吃饭、缴纳实物地租及少量交换问题；女织指家庭手工业，包括纺线、织布、染色、裁剪、缝补、拆洗等劳动，主要解决家庭成员穿衣问题。其实，男耕女织不仅限于耕织，它指的是男女在传统自然经济中的自然分工。《易经·彖·家人》中说："家人，女正位乎内，男正位乎外。男女正，天地之大义也。"

（二）传统自然经济中的父子相传

父子相传是传统自然经济中阴阳的纵向互助形式，建立在父子时间顺序基础上，父为阳、子为阴，父子相传主要指技能传授、财产继承和体制延续。《易经·蛊》中说："干父之蛊，有子考，无咎。厉，终吉。"

（1）技能传授指农业和手工业劳动技能的传授，男孩子从小就要跟父亲下地干农活，边干边学，为长大后成家立业打基础，同样，女孩子要跟母亲学纺织等手工。

（2）财产继承指父亲的财产由儿子继承，一般家庭儿子不止一个，所以财产继承往往伴随着分家，由于实行土地私有制，分家意味着将原来一个家庭的土地分成若干份，在土地总量不变人口增长的情况下，每个家庭占有的土地会相对减少，这是中国传统自然经济形成的一个重要原因。

（3）体制延续指传统自然经济体制的延续，儿子继承父亲的财产，娶妻生子后就复制了一个传统自然经济家庭，上要养老、下要养小，如此代代相传。

（三）传统自然经济中的兄弟相助

兄弟相助是传统自然经济中阴阳的横向互助形式，建立在兄弟空间位置基础上，兄为阳、弟为阴，兄弟相助主要是劳动互助和守望相助。分家以前兄弟们在父亲的带领下从事农业劳动，兄弟之间自然形成劳动互助，兄要照顾弟、弟要帮助兄；分家以后兄弟之间仍以互换人工、畜力和农具等形式进行劳动互助，并在日常生活中互相关照。同样，姐妹们从事手工业劳动，也需要劳动互助。事实上兄弟姐妹之间都是互助关系，所以《易经·系辞》中说"二人同心，其利断金；同心之言，其臭如兰。"

三、《易经》思维与中国传统政治理念

政治不是从来就有的，它是伴随阶级和国家的产生而产生

的，中国的国家产生后，并没有完全打破血缘关系，依然以家庭、家族、宗族为单位进行政治活动，而不是以个人为单位进行政治活动，因此中国传统的社会关系表现为宗法关系。原始社会末期，中国父系氏族逐渐演变，在经济方面通过缩小生产单位，分解为一夫一妻（妾）专偶婚家庭；在政治方面通过联姻、联盟、文化、征伐、治水等手段，组合成国家，在这个过程中，氏族以宗族的形式遗存下来，这就决定了中国传统政治由父权（夫权）、族权、皇权构成，贯穿其中的核心是父系家长制。

古人取法《易经》的乾、坤二卦，认为家长既有权力管理家庭，又有责任造福家庭；既要说服教育家庭成员，又要以身作则、树立榜样；既要自强不息，又要厚德载物，所以，中国传统政治以追求阴阳互相依存的"王道"为目标。《易经·系辞》中说："阳卦多阴，阴卦多阳，其故何也？阳卦奇，阴卦耦，其德行何也？阳一君而二民，君子之道也；阴二君而一民，小人之道也。"

（一）传统政治中的父权（夫权）

父权（夫权）的范围是有婚姻和直接血缘关系、同居一室、拥有共同财产的家庭。父权（夫权）管理的对象是妇和子（女），家长为一君属阳，妇和子（女）为二民属阴。父权（夫权）产生的基础是生产方式，在传统自然经济的家庭生产中，父（夫）掌握生产资料又是主要的劳动力，居于主导地位，而妇和子（女）也要参与生产劳动，居于辅助地位，这就决定了父（夫）在家庭事务中的管理权，家长行使权力的依据是家规。在传统家庭伦理关系中，有夫义、父慈，才有妇听、子孝。

（二）传统政治中的族权

族权的覆盖范围是五服以内大家庭成员组成的家族和五服以外共祖族人组成的宗族，家族和宗族是有间接血缘关系的家庭组合体。族权管理的对象是弟和子，族长为一君属阳，弟和子为二民属阴。族权产生的基础是宗法制度，中国传统继承权包括财产继承和身份继承，家庭财产由所有的儿子分割继承，宗祧身份由嫡长子一个人继承，这就使嫡长子拥有了对家族和宗族事务的管理权，族长行使权力的依据是族规和宗规。在传统家族和宗族伦理关系中，有兄良、父慈，才有弟悌、子孝。

家族和宗族的权力机关是祠堂，有宗祠、支祠和家祠之分，一姓一祠，由族人共同出资修建。祠堂建筑一般都比民宅规模大、质量好，越有权势和财势的家族，其祠堂往往越讲究，宽敞的院落、高大的厅堂、精致的雕饰、上等的用材，成为这个家族光宗耀祖的象征。祠堂有多种用途，主要是族人祭祀祖先，供奉祖宗牌位，收藏世系家谱；祠堂还是族长行使族权的地方，族人违反族规在这里被教育和处理，甚至被驱逐出宗族，可以说祠堂是封建伦理道德的"法庭"；祠堂也是族人商议族内重要事务的场所；有的祠堂附设族学，族人子弟在这里上学；祠堂也可以作为族人的社交场所，各房子孙遇有办理婚、丧、寿、喜等事时，便将宽敞的祠堂作为活动之用。

（三）传统政治中的皇权

皇权的覆盖范围是国家，国家是有地缘关系的家族和宗族的组合体。皇权管理的对象是臣和民，皇帝为一君属阳，臣和民为二民属阴。皇权产生的基础是政治制度，中国最早的"国家"是在部落联盟的基础上发展起来的，当部落联盟的首领变为至高无上的君主时，他便拥有了对原部落联盟中各族群的支配和管辖权，天下便成为某一家族私有之物的"家天下"，而且皇位由这个家族的嫡长子继承，世代相传。君主行使权力的依据是国法。在这样的国家形式下，传统自然经济的家庭对国家有缴纳税负的义务，国家则有保护传统自然经济家庭的责任。在传统国家伦理关系中，有君仁、皇恩，才有臣忠、民顺。

第四节 《易经》思维与中国现代企业和社会

企业制度源自西方，在近代西方列强对中国的侵略过程中被传入中国。中国自身没有发展出以事缘为基础的企业制度，传统工商业以官办为主，私营工商组织也未能突破身份和家族关系的束缚。

企业制度是西方社会商品经济的产物，进入以传统自然经济为基础的中国社会后，可谓一石激起千层浪，必然影响中国社会的政治、经济和文化；同时企业自身也面临如何在中国的环境中生存发展的问题。中国传统家庭和社会都深深地打上了《易经》思维的烙印，进入中国的企业制度和它所带来的社会变革，也不可避免地要受到以《易经》为代表的中国传统文化思想的影响。《易经·象·革》中说："天地革而四时成，汤武革命，顺乎天而应乎人，革之时大矣哉！"

一、《易经》思维与中国企业和商品经济

企业生产商品或提供服务的目的，不是自己消费，而是用于交换并从中盈利，这就决定了企业与商品经济的共存关系，企业是商品经济关系中最重要、最活跃的主体，因此，企业制度进入中国后，必然带来商品经济的发展。中国的企业制度和商品经济，从学习西方开始，经历了一个否定之否定的过程，可以分三类分析：近代企业和半殖民地半封建经济、公有制企业和计划经济、现代企业和市场经济。以下笔者用《易经》的思维方法尝试分析。

商品经济虽然产生于西方，但其精神实质与中国的《易经》相契合，因此能够在中国得到发展。用《易经》的思维分析，在商品货币关系中，商品为阳、货币为阴，这是商品交换的两仪，在商品的流通链中，卖方是老阳、买方是少阴；在货币的流通链中，付方是少阳、收方是老阴，这是商品交换的四象（如图1-4所示）。《易经·系辞》中说："日中为市，致天下之民，聚天下之货，交易而退，各得其所，盖取诸《噬嗑》。"

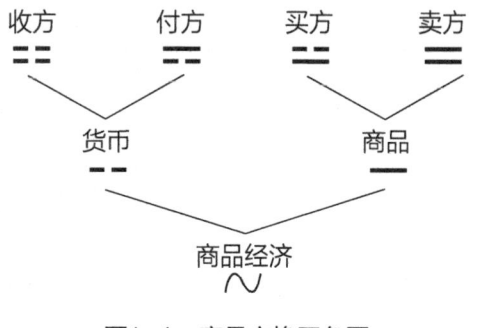

图1-4　商品交换四象图

（一）用《易经》的思维方法分析近代企业和半殖民地半封建经济

鸦片战争爆发以前，中国是一个自给自足自然经济占统治地位的国家；鸦片战争爆发以后，中国开始沦为半殖民地半封建国家。西方资本主义国家通过不平等条约对中国进行经济侵略，早期是向中国倾销商品和从中国掠夺原料，也遭到了中国"男耕女织"传统自然经济的抵制。之后，西方资本主义国家为了剥削中国廉价劳动力获得高额利润，又对中国进行资本输出。西方商人利用经济特权在中国投资设洋行、开银行、办公司、建工厂，中国历史上最早的一批近代企业由此出现。第二次鸦片战争以后，清政府迫于内外交困，兴办了一批洋务企业。甲午战争前后，中国的民族资产阶级登上了历史舞台，兴办了一批民族资本主义企业。在中国沿海、沿江、铁路沿线被西方殖民主义者蚕食，出现近代企业，产生资本主义生产方式的同时，中国广大农村依旧保持着旧有的生产方式。

用《易经》的思维分析，近代企业是先进生产方式的代表属阳，传统自然经济是落后生产方式的代表属阴，但是在中国的土地上的中国人民属阳，外国殖民者属阴，这就出现了阴阳不正。中国近代企业按出资人可以划分为外国资本、官僚资本和民族资本，其中，外国资本控制了中国的经济命脉属阳，官僚资本依附于外国资本属阴，民族资本具有软弱性也属阴，这就出现了阴阳不调。不同的外国资本在中国划分势力范围，它们既斗争又勾结，造成割据混战，民不聊生，这就出现了阴阳紊乱。中国近代生产方式的矛盾和民族矛盾交织在一起，半殖民地半封建经济是一个怪胎，必须彻底改变。

（二）用《易经》的思维方法分析公有制企业和计划经济

中华人民共和国成立后，实行社会主义公有制，在城市建立国有企业和集体企业，在农村建立人民公社和生产队。与此同时，建立了计划经济体制，这种经济体制在新中国成立初期对恢复国民经济发挥了积极作用。

用《易经》的思维分析，商品交换是在不同所有者之间进行的，卖方属阳、买方属阴，计划经济对商品交换产生影响，这就出现了阴阳不交。在私人劳动和社会劳动的关系中，私人劳动属阳、社会劳动属阴，当私人劳动不经过交换就直接成为社会劳动时就出现了阴阳不分。在商品货币关系中，商品属阳、货币属阴，计划经济对商品交换产生影响，货币作为一般等价物的作用也就减弱了，这就出现了阴阳两虚。因此需要对计划经济体制进行改革。

（三）用《易经》的思维方法分析现代企业和市场经济

中国的经济体制改革首先从农村开始，家庭联产承包责任制冲破了的人民公社组织形式，各家各户承包土地，农业生产基本上形成分户经营，自负盈亏。城市经济体制改革是城市的经济组织和管理制度的自我完善过程。按照投资主体，企业分为国有企业、集体所有制企业、股份制企业、民营企业等，同时以间接管理为主，政府调节市场、市场调节企业。改革还包括实行以按劳分配为主的多种分配形式。

用《易经》的思维分析，企业按所有制性质划分为公有和私有，公有属阳、私有属阴，它们在社会经济活动中扮演不同的角色，这就是阴阳互补。经济调节手段包括计划和市场，计划属阳、市场属阴，它们在调节经济活动中产生不同的作用，这就是阴阳调和。商品生产需要劳动和资本相结合，劳动属阳、资本属阴，它们在生产中发挥各自的功能，这就是阴阳合作。市场经济的发展必然带来生产社会化和经济全球化，生产社会化包括劳动社会化和资本社会化，经济全球化包括商品全球化和货币全球化，这就要求摆脱血缘和地缘关系的束缚，在事缘关系的基础上建立经济新秩序。

二、《易经》思维与中国企业和社会变革

企业在进行生产时，人与人之间结成一定的生产关系，这就使企业不仅是物质资料生产单位，而且是社会关系生产单位，因此，企业制度进入中国后，中国的社会结构开始发生变化，产生了无产阶级和资产阶级。中国传统政治建立在传统自然经济基础上，在家庭中人与人之间既有生产关系又有血缘关系，家是缩小

了的国，国是放大了的家；企业不同于家庭，它是建立在事缘关系基础上的商品经济组织，在这里只讲生产关系不讲血缘关系。随着经济领域企业生产取代家庭生产的历史进程，必然出现改变中国几千年"家天下"的政治变革。

用《易经》的思维分析，在社会基本矛盾中，经济基础是主要矛盾属阳、上层建筑是次要矛盾属阴，新的经济基础产生后，一定要改变旧的上层建筑。在《易经·系辞》中说："乾知大始，坤作成物。"又说："夫乾，其静也专，其动也直，是以大生焉。夫坤，其静也翕，其动也辟，是以广生焉。"

三、《易经》思维与中国企业和中华优秀传统文化

有企业就有企业管理，有企业管理就有企业文化，企业文化是在一定社会文化背景下产生的商品生产与经营文化。企业制度进入中国，必然带来西方文化的影响，中国的企业管理在向西方学习的同时，也必然始终受到以《易经》为代表的中华优秀传统文化的影响。

改革开放前，企业制度不完善，中华优秀传统文化对企业管理的影响隐而不见，《易经·乾》中说："潜龙勿用"；改革开

放后，中国经济崛起，建立了现代企业制度，中华优秀传统文化对企业管理的影响显而易见，《易经·乾》中说："飞龙在天"。但是，对中华优秀传统文化如何影响企业管理，进而促进经济发展的机理，却众说纷纭，《易经·系辞》中说："仁者见之谓之仁，智者见之谓之智，百姓日用而不知；故君子之道鲜矣！"其实，买卖、钱货、公私、劳资、产销、盈亏等商品经济的概念都蕴含着《易经》中的一阴一阳，商品经济就是由一阴一阳连接起来的经济网络，企业文化要适应商品经济的要求，也必须由一阴一阳连接成网式结构，如此，企业文化结构和商品经济结构才能在一阴一阳中达到统一。因此，以企业文化为媒介，商品经济的发展必然带来中华优秀传统文化的复兴，中华优秀传统文化的复兴必将促进商品经济的发展。《易经·系辞》中说："一阴一阳之谓道，继之者善也，成之者性也。"

（一）企业制度在中国的发展

鸦片战争后，西方资本主义国家对中国进行资本输出有两种形式：一种是生产资本输出；另一种是借贷资本输出。生产资本输出指西方商人在中国投资办企业，正是这种资本输出给中国带来了企业制度。企业制度指以产权制度为基础和核心的企业组织和管理制度。企业制度进入中国以前在西方社会已经孕育发展了几百年，经历了工场手工业和机器大工业阶段，企业制度进入中国的时候具有三个明显的特征：一是契约关系；二是劳动分工；三是机器生产。

在半殖民地半封建社会的中国，西方商人在中国设立企业，其中掺杂了诸多政治因素，并未实行正常的企业制度；官僚资本开办的企业，只是模仿西方企业的组织形式，缺少经营管理的实际内容，而且官商不分，也未实行规范的企业制度；民族资本兴办的企业，先天不足、后天畸形，始终无法独立发展，也不能实行规范完整的企业制度。用《易经》的思维分析，这个时期中国的企业制度可以说是混沌初开，阴阳始分。

中华人民共和国成立后，建立起计划经济体制，在发挥积极作用的同时也存在弊端，用《易经》的思维分析，这个时期中国的企业制度存在阳盛阴衰的问题。

改革开放以来，围绕增强企业活力这个目标，从扩大企业自主权开始，逐步建立起以企业法人制度为基础，以企业自负盈亏为前提，以有限责任制度为保证，以公司制企业为主要形式，以产权清晰、权责明确、政企分开、管理科学为条件的现代企业制度。用《易经》的思维分析，这个时期中国的企业制度可以说达到了阴阳和合。

（二）企业理性管理的影响

企业管理伴随企业制度进入中国的时候，还处在经验管理阶段，管理者（往往就是企业所有者）凭借个人智慧和实践经验对企业进行管理。1911年，泰罗出版了《科学管理原理》一书，标志着企业管理进入了科学管理阶段，他的理论主要包括三部分内容：工作定额原理；标准化原理；职能化原理。泰罗用"经济人"的眼光看待工人，把人当作会说话的机器，管理者对工人实行"胡萝卜加大棒"的政策。20世纪20年代中后期，梅奥等人进行了"霍桑实验"，标志着企业管理进入了行为科学阶段，在实验中，研究者发现影响工人生产劳动积极性的主要因素是心理因素和社会因素，这些研究者用"社会人"的眼光看待工人，认为管理者可以通过满足人的需要激发工人的积极性。第二次世界大战后，西方企业加强了用计划、技术、战略、科学等手段进行管理的信心，各种管理理论纷纷出现，标志着企业管理进入了管理丛林阶段，这个时期各种管理理论的特点是注重企业管理的整体性和系统性以及与环境的关系。有的研究者用"复杂人"的眼光看待工人，要求管理者根据不同的人采取不同的管理措施；有的研究者用"决策人"的眼光看待工人，要求管理者鼓励人们参与组织决策。

自从泰罗提出"科学管理"以来，西方企业管理走上了科学理性的道路，科学理性管理以技能和效率为核心，依靠科学知识和技术控制企业，施行层级制和职能制，制订严格的规章制度和组织纪律，强调规范化和标准化，注重逻辑思维和定量分析。科学理性管理使企业的劳动生产率得到很大的提高，促进了西方经济的快速发展，而理性思维和科学精神正是中国传统文化的薄弱环节，近代以来，西方发达国家始终是中国追赶的目标，中国的企业和企业管理是在向西方学习的过程中发展起来的，因此，以科学理性为基础的西方企业管理，对中国近现代企业文化产生了很大的影响。

科学理性管理相对经验管理来说是进步，但是，西方企业管理各学派大多把作为生命有机整体的企业和企业中的人，拆解成缺乏生命力的破碎的多个部分，然后对其中的某一部分进行研究并提出相应的理论。这些理论往往是片面的、机械的、孤立的和被动的，其根本问题是破坏了研究对象的自身活力，这就造成西方企业管理中劳与资的对立，管理者与被管理者的对立，人与机器的对立，精神与物质的对立，等等，如果用《易经》的思维方法来理解，归根到底就是阴与阳的对立。

（三）企业人性管理的影响

20世纪70年代和80年代，用科学理性管理思想武装起来的美国企业与日本企业的竞争中呈现出某些劣势。在这个严峻挑战面前，兴起了企业文化管理新思潮。1981年，威廉·大内出版了《Z理论——美国企业界怎样迎接日本的挑战》一书，标志着企业管理进入了企业文化管理阶段，企业文化管理是以人为中心的人性文化管理，人性文化管理并不排斥科学理性管理，但它强调科学理性的方法也要符合人性，要有助于人性的发展，要用人性文化管理统领企业经营和管理的各个方面，是企业的灵魂管理。

企业文化管理既然以人为中心，那么就涉及以什么样的人为中心的问题，受西方文化分维理论二元对立的影响，人们在进行

企业文化管理的互体主义模式

跨文化企业管理比较研究时,将企业文化模式分为"个人主义"模式(以典型美国企业为代表)和"集体主义"模(以典型日本企业为代表)。其实这是两种极端的企业文化模式,在"个人主义"和"集体主义"之间笔者提出一种普遍适用于中国企业的企业文化管理模式——"互体主义"模式。"互体主义"从有对应关系的一阴一阳两个主体出发,主张通过互利交换实现双赢。"互体"事物早已存在于中国企业文化之中,只是这一概念未被明确提出,这就好比材料按导电性能可以分为导体和绝缘体,它们之间还有一种长期存在很晚才被人们发现的半导体。

中国改革开放伊始,正值企业管理进入企业文化管理阶段。中国的企业文化既不是"个人主义"模式也不是"集体主义"模式,改革开放以来中国企业创造了经济奇迹,在经济全球化的今天,中国企业以强大的竞争力、灵活的适应力、顽强的生命力,所向披靡。受国际金融危机冲击,有的国家经济停滞不前,有的国家经济出现负增长,中国经济却依然高速增长,并向高质量发展。如果说美国企业文化模式适合"打固定靶",日本企业文化模式适合"打活动靶",那么中国企业文化模式则"专打飞靶"。形势越复杂,竞争越激烈,企业环境越多变,就越能激发中国企业的活力,这是因为中国的企业文化模式最适应商品经济的要求和经济全球化的发展趋势。

本书提出的"互体主义"企业文化模式,不是个体和集体相结合的调和论,也不是在集体中实现个体的嫁接论,"互体主义"是由阴阳两个对应的个体结成互体,再由多重互体连成集体,化解了个体和集体的对立,使个体、互体、集体融为一体。在企业中,互体指有事缘关系的阴阳双方结成的基本单元,主要有劳资、上下、师徒、主配、前后等,其中劳方为阳、资方为阴;上级为阳、下级为阴;师傅为阳、徒弟为阴;主角为阳、配角为阴;前岗为阳、后岗为阴,一阴一阳互利交换就是"互体主义"企业文化模式。互利交换又叫道义交换,是基于中国传统道义的交换,《易经·文言·乾》中说"利者,义之和也"。

"互体主义"企业文化模式,有"力"的特性,更主要是有"场"的特性,一阴一阳结成互体,所有互体中的阴阳相互作用,就形成一个企业文化场,为此需要将企业文化重新定义为企业文化场,即:在商品生产经营和服务活动中,企业成员之间及企业与生存环境之间,因事缘关系产生阴阳相互作用,所形成的二重性价值观念和互体主义行为方式。

"互体主义"企业文化模式是以《易经》为代表的中华优秀传统文化精华在现代企业制度中的最好诠释之一。近代以来,中国有多少仁人志士上下求索,前仆后继,追求中华优秀传统文化在现代社会的振兴,却始终找不到有效的途径。改革开放以来,中国经济快速发展,中国企业在激烈的国际竞争中不断发展壮大,在经济全球化的趋势下,企业环境变化越来越快,国际竞争越来越激烈,老牌资本主义国家都感到力不从心,中国企业却越战越勇,这必然有其深刻的内在原因。那么,"互体主义"企业文化模式,或许就是以上问题的答案之一。

"互体主义"企业文化模式,打破了"个人主义"和"集体主义"的局限,开辟了企业文化管理的新天地,是中华优秀传统文化在企业管理中复兴的表现形式,同时,也是用中华优秀传统文化提升企业管理的有效手段。

第二章

企业成员价值观念的二重性

价值观念是社会成员用来评价行为、事物及从各种可能的目标中选择自己合意目标的准则。价值观念通过人们的行为取向及对事物的评价、态度反映出来,是世界观的核心,是驱动人们行为的内部动力。社会存在决定人们的价值观念,企业是现代社会的经济组织,担负着商品生产和经营的职责,企业成员价值观念不是泛指企业成员的各种价值观念,而是特指企业成员在从事商品生产与经营活动中所持有的价值观念。

商品是为交换而生产(或用于交换)的对他人或社会有用的劳动产品。商品离不开交换,商品交换不是单方面的事情,必须在买卖双方之间才能进行,因此,交换使企业商品生产与经营的各项活动具有了二重性(如图2-1所示),从而决定了企业成员价值观念的二重性,即企业成员在从事商品生产与经营活动中,一方面要对自己有利,另一方面要对他人有利,利己为阳、利他为阴,只有这样,买卖双方才能成交,《易经·系辞》中说:"一阴一阳之谓道。"

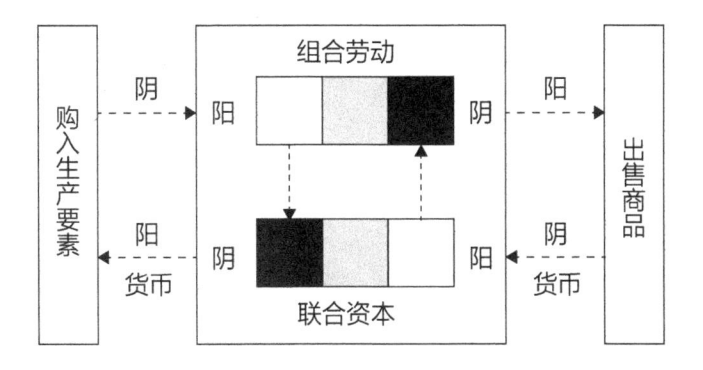

图2-1 企业商品生产与经营二重性图

第一节 企业商品生产和交换对价值观念的影响

生产和消费是人的一体两面，每个人的生产技能是有局限的，每个人的消费需求是多方面的，这是人与人之间进行交换的原动力。

传统自然经济以家庭为生产单位，生产的物品是产品，商品经济以企业（公司）为生产单位，生产的物品是商品，产品和商品的本质区别在于是否进行交换。

用《易经》的思维分析，家庭生产的产品不经过交换直接满足自己的消费需求，在这里生产者和消费者合二而一，混沌未开，当然，家庭生产的产品虽然不对外交换，但在家庭内部存在劳动交换。企业生产的商品要经过交换才能满足他人的消费需求，在这里生产者和消费者一分为二，混沌已开，生产者为阳、消费者为阴，生产者通过交换实现商品的价值，消费者通过交换实现商品的使用价值。商品生产和消费的二重性，产生供求双方价值观念的二重性。

一、企业商品交换的买方和卖方

企业通过商品交换才能维持正常运转,交换使企业具有了买方和卖方的二重性,卖方属阳、买方属阴。卖方企业作为商品生产者要出售商品、收入货币,才能进行再生产或扩大再生产;买方企业要生产商品就要购入机器设备、原材料、劳动力等生产要素、支出货币。企业出售商品时是卖方,如果商品卖不出去企业就无法继续生存,企业购入生产要素时是买方,如果买不到生产要素企业就不能进行生产。

买方和卖方的二重性,使企业在商品交换过程中既要考虑买方又要考虑卖方,造成企业成员价值观念的二重性。

二、企业商品交换的使用价值和价值

企业生产的商品是用来进行交换的,交换使商品具有了使用价值和价值的二重性,使用价值属阳、价值属阴。使用价值是能够满足人们某种需要的物品的效用,价值是各方对商品中劳动耗费及资源稀缺性进行评估的交集。使用价值与价值是商品的两个不可缺少的因素,并且二者的实现是互为条件的,使用价值的实现，要求把商品卖给消费者，消费者付出代价，也就实现了商品的价值，商品的使用价值和价值在交换中得到了统一。商品的使用价值与价值对同一个商品所有者来说是不可能兼得的，只能是买者得到使用价值，卖者得到价值，且商品生产往往会出现使用价值不符合社会需要，或者价值量超过社会购买力的情况，商品的使用价值与价值的矛盾，只有通过现实的商品交换来解决。

使用价值和价值的二重性，使企业在商品交换过程中既要考虑价值又要考虑使用价值，造成企业成员价值观念的二重性。

三、企业商品交换的价格和价值

企业生产的商品以货币为媒介进行交换时，就产生了商品价格和价值的二重性，价格属阳、价值属阴，价格是商品价值的货币表现；价值是价格形成的基础。商品价格是买卖双方在价值范围内的利益交点，并随供求关系的变化围绕价值上下浮动，且不管怎么浮动只要成交就会对买卖双方都有利，所不同的只是对谁利大、对谁利小的问题，但利小总比不交换而没有利要好，因此，商品价格是买卖双方在价值范围内成交的"中庸之道"。

价格和价值的二重性，使企业在商品交换过程中既要考虑价格又要考虑价值，造成企业成员价值观念的二重性。

四、企业商品生产的具体劳动和抽象劳动

企业商品生产劳动既是具体劳动又是抽象劳动，这就是劳动的二重性，具体劳动属阳、抽象劳动属阴。具体劳动指生产的目的、操作方法、劳动对象和劳动手段各不相同的、创造不同使用价值的劳动；抽象劳动指撇开各种具体形式的人和工具合成相同价值的无差别劳动，包括人的脑力和体力以及工具的消耗。具体劳动和抽象劳动在时间上、空间上都是同一的，两者是不可分割的，商品生产者在进行具体劳动的同时也完成了抽象劳动。具体劳动和抽象劳动具有两种不同的属性，具体劳动反映人与自然的关系，具有自然属性；抽象劳动反映人与人之间的社会生产关系，具有社会属性。

具体劳动和抽象劳动的二重性，使企业在商品生产过程中既要进行具体劳动又要进行抽象劳动，造成企业成员价值观念的二重性。

五、企业商品生产的私人劳动和社会劳动

企业商品生产的前提条件是社会分工和生产资料、劳动产品属于不同的所有者,这就产生了私人(个别)劳动和社会劳动的二重性,私人劳动属阳、社会劳动属阴。所有者不同使商品生产成为商品生产者私人的事,让耗费在生产商品上的劳动直接表现为私人劳动;社会分工使每个商品生产者互相联系和互相依赖,让生产商品的劳动具有社会性,成为社会劳动的一个组成部分。私人劳动虽然是生产者个人的事,但其生产的产品必须能够满足一定的社会需要,其私人劳动才能转化为社会劳动。商品生产者的劳动直接表现出来的是它的私人性,并不是它的社会性,私人劳动能否为社会所承认,即能否转化为社会劳动,生产者自己并不能决定,于是就形成了私人劳动和社会劳动的矛盾。这一矛盾的解决,只有通过商品的交换才能实现,当生产者生产的产品在市场上顺利地实现了交换之后,其私人劳动也就成了社会劳动的一部分,若其产品在市场上没有实现交换,私人劳动就不能转化为社会劳动。

私人劳动和社会劳动的二重性,使企业在商品生产过程中既要实现私人劳动又要实现社会劳动,造成企业成员价值观念的二重性。

第二节　企业劳资关系对价值观念的影响

小商品生产是以生产资料个体所有和个体劳动为基础的商品生产，在这里劳动力所有者和生产资料所有者是合二而一的，混沌未开。随着商品生产发展到一定水平，小商品生产者之间的竞争加剧，就会出现两极分化，少数人成为拥有生产资料所有权的资本家，多数人成为拥有自己劳动力所有权的雇用劳动者，小商品生产逐渐为资本主义商品生产所代替。资本主义商品生产是以资本家占有生产资料和雇佣劳动为基础的商品生产，在这里劳动力所有者和生产资料所有者是一分为二的，混沌已开，劳动者属阳、资本家属阴。

既然劳动者和资本家已经分离，为什么又在企业这个新的条件下结合在一起呢？原因很简单，就是谁也离不开谁，在企业里劳动者和资本家的关系是相反相成的。企业劳动者和资本家的二重性，产生劳资双方价值观念的二重性。

一、企业价值合成的劳动和资本

人类在劳动过程中使用工具是为了节约劳动时间和提高劳动效率。对一件工具而言，只有它的制造时间小于它在使用过程中节约的时间才有价值，如果它的制造时间等于或大于它在使用过程中节约的时间，那么这件工具便没有价值或只有负价值，俗语说"手巧不如家伙妙"，可见，不但人的劳动本身具有价值增值作用，人在劳动过程中使用的工具也有价值增值作用。

商品生产既是使用价值的创造过程也是价值的增值过程，商品的使用价值各不相同，商品的价值是由人和工具相结合的一般劳动耗费。在小商品生产中，劳动力所有者和生产资料所有者是同一个体，因此，商品价值是劳动和生产资料自然结合的产物；在资本主义商品生产中，劳动力所有者和生产资料所有者是通过契约组织在一起的不同个体，因此，商品价值是在企业中将劳动和资本合成的产物，这就产生了劳动和资本的二重性，劳动属阳、资本属阴。这里的劳动不是个体劳动，而是在机器化大生产的条件下，众多劳动者在分工协作基础上的组合劳动，大家发挥各自的专业特长共同完成商品生产；这里的资本不是单个资本，而是由分散的单个资本在风险共担、利益共沾基础上集中起来的联合资本，资本规模的扩大为机器化大生产和组合劳动创造了条件，使科学技术在商品生产中得到普遍应用。

劳动和资本的二重性，使企业在价值合成过程中既要加入劳动又要投入资本，造成企业成员价值观念的二重性。

二、企业价值分配的工资和利润

企业商品生产完成后，要通过交换让渡商品的使用价值，实现商品的价值，一旦交换成功，商品的价值就要在劳动者和资本家之间进行分配，劳动者得到工资，资本家得到利润，这就产生了工资和利润的二重性，工资属阳、利润属阴。这种分配是通过劳动力价格表现出来的，从表面看一个企业在收入和其他支出不变的情况下，工资总额增加一分钱企业利润就减少一分钱，其实劳动力作为特殊的商品只要在劳动者和资本之间成交，就会对劳资双方都有利，因为，一方面劳动只有借助资本提供的机器设备才能提高效率，而且组合劳动的高效率也是借助资本实现的，一个人使用简单工具的劳动效率是极其低下的；另一方面资本只有与劳动相结合才能发挥作用,而且再先进的机器设备也是由人的劳动制造和操作的,机器设备一旦失去人的控制,有可能异化成威胁人类的破坏力量。虽然劳资交换对双方都有利,但企业在进行价值分配时,劳方和资方的矛盾是不可避免的,同时,资本家为了增加利润集体压低劳动者工资会导致劳动者购买力集体下降,结果是商品生产相对过剩,产生经济危机。解决这一问题的办法是改变企业的治理结构,董事会代表资方的利益,工会代表劳方的利益,在此基础上设立"劳资联席会",作为代表企业整体利益的最高权力机构,使劳资双方在企业价值分配中保持阴阳平衡。企业价值分配不仅在劳动者和资本家之间进行,而且每个劳动者和每个资本家根据其在价值合成中的作用不同,各自所得到的工资和利润也不相同。

工资和利润的二重性,使企业在价值分配过程中既要支付工资又要获得利润,造成企业成员价值观念的二重性。

第三节　企业联合资本对价值观念的影响

资本主义商品生产初期，一般是分散的单个资本占优势，生产的发展要求扩大资本规模，单个资本通过自身的积累而扩大具有一定的局限性，不能满足社会化大生产的需要，于是就出现了由分散的单个资本集中而成的联合大资本，它不受社会财富的绝对增长或积累的绝对界限的限制，能够更快地扩大资本规模，是资本的社会化。分散的单个资本是在责任和权力对等原则基础上，以企业为载体联合起来的，这就产生了企业联合资本的二重性，责任属阳、权力属阴。责任主要指股东依照企业合同章程的约定出资，股东以出资额为限对企业承担责任，企业以其全部财产对企业的债务承担责任；权力主要指股东有权享有资产收益及参与企业重大决策和选择管理者。单个资本通过企业联合在一起，股东根据其在企业投资中所占份额的多少，确定对企业的决定权和承担责任、获得收益的大小。

企业联合资本中责任和权力的二重性,产生股东价值观念的二重性。

一、企业资金的来源和运用

企业的联合资本既表现为资金来源又表现为资金运用,这就是资金来源和资金运用的二重性。资金运用属阳、资金来源属阴,资金运用是企业的资金存在形态,包括流动资产、长期资产、固定资产、无形及其他资产等;资金来源是企业资金的取得和形成,包括流动负债、长期负债、所有者权益等。

资金来源和资金运用的二重性,使企业在资金平衡过程中既要弄清资金来源又要弄清资金占用情况,造成企业成员价值观念的二重性。

二、企业资本的权益性和债务性

企业的联合资本按性质可划分为权益资本和债务资本,虽然都是企业的资金来源,但是它们的经营责任、管理作用、使用期限、收益方式各不相同,这就产生了权益资本和债务资本的二重性，权益资本属阳、债务资本属阴。权益资本指由企业所有者投入的资本，包括公共资本和私人资本、控股资本和非控股资本、有限责任资本和无限责任资本等，企业所有者通过股东会参与企业管理，对企业的盈亏负责，投入的资本企业可长期使用，通过企业分红获得投资收益；债务资本指企业债权人借入的资本，包括银行借款、企业债券、应付票据和应付账款等，企业债权人不参与企业管理，不负责企业盈亏，对借入的资本企业要按期使用，企业债权人通过企业付息获得借款收益。

权益资本和债务资本的二重性，使企业在经营过程中既要利用权益资本又要利用债务资本，造成企业成员价值观念的二重性。

三、企业资本的所有权和使用权

在小商品生产时期，单个资本的所有权和使用权是统一的，混沌未开；到资本主义商品生产时期，企业联合资本的所有权和使用权开始发生分离，混沌已开，这就产生了资本所有权和使用权的二重性，所有权属阳、使用权属阴。所有权是财产所有人在法律规定的范围内对物（财产）占有、使用、收益与处分，并排除他人干涉的权利；使用权是不变更物（财产）的本质而依法对其利用的权利，是所有权的一种权能，一般由所有人行使，但也可根据法律、行政命令或依照所有人的意志表示转移给他人。企业联合资本的所有权属于投资给企业的股东和借钱给企业的债权人，它们对企业享有股权和债权，企业联合资本的使用权属于企业法人。

资本所有权和资本使用权的二重性，使企业在经营过程中既要明确资本所有权又要明确资本使用权，造成企业成员价值观念的二重性。

第四节 企业组合劳动对价值观念的影响

小商品生产是以个体劳动为基础的商品生产,生产活动没有明确的分工和协作,混沌未开;资本主义商品生产初期,生产者接受资本家订货,分散在各自的家庭中分工劳动,形成了以简单协作为基础的手工工场,后来发展成了集中的手工工场,经过产业革命,资本主义商品生产进入机器大生产时期,企业内部的分工越来越细、协作越来越广,这就产生了企业组合劳动的二重性,分工属阳、协作属阴。分工指许多劳动者分别从事各种不同的而又相互联系的劳动;协作指许多劳动者在同一劳动过程或彼此相联系的不同劳动过程中,有计划地协同劳动。个人劳动通过企业组合在一起,共同完成商品生产,一件商品从原材料到产成品的生产过程中,每道工序都不可或缺。而且,原材料要采购,产成品要销售,生产要组织协调,企业要经营管理,企业内部每个人都要与他人形成纵横交错的分工协作关系。

■ 企业文化管理的互体主义模式

企业组合劳动中分工和协作的二重性，产生员工价值观念的二重性。

一、企业成员的直接协作和间接协作

企业内部的协作归根到底是人与人之间的协作，在商品生产和经营活动中每个人所在的岗位不同，因此与他人的协作关系也就不同，这就产生了直接协作和间接协作的二重性，直接协作属阳、间接协作属阴。直接协作指在生产经营活动中，企业成员之间直接联系的协作；间接协作指在生产经营活动中，企业成员之间间接联系的协作。企业每个成员与其他成员之间的协作，既有直接协作又有间接协作，好比用积木搭房子，每块积木与其上下、左右、前后直接接触的积木之间是直接协作，与其不直接接触的其他积木之间是间接协作，直接协作是间接协作的基础，间接协作通过直接协作连接在一起。

直接协作和间接协作的二重性，使企业在劳动组织过程中既要搞好直接协作又要搞好间接协作，造成企业成员价值观念的二重性。

二、企业成员的基本劳动和附加劳动

企业在商品生产和经营活动中,对每个岗位的人员都规定了工作职责,然而,规定是死的,人是活的,事实上一个人每天的活动都远远超出岗位职责规定的内容,这就产生了基本劳动和附加劳动的二重性,基本劳动属阳、附加劳动属阴。基本劳动指企业成员完成岗位职责规定的工作内容;附加劳动指企业成员从事对基本劳动有益的活动。基本劳动与劳动报酬相联系,附加劳动与协作关系相联系,企业的各项工作都不是一个人能够独立完成的,每个人只能完成工作的一部分,大家合起来才能完成一项工作,因此,企业成员在做好本职工作的同时要搞好协作关系,这样才能收到良好的效果。

基本劳动和附加劳动的二重性,使企业的劳动过程既包括基本劳动又包括附加劳动,造成企业成员价值观念的二重性。

三、企业成员附加劳动的付出和回报

企业成员在从事商品生产和经营活动的过程中,除了为获取劳动报酬、付出基本劳动外,还自觉自愿地付出附加劳动,是因为附加劳动虽然没有劳动报酬，但有其他回报，对企业成员来说付出与回报是互相的，这就产生了附加劳动付出和回报的二重性，付出属阳、回报属阴。附加劳动的付出或回报包括物质和精神两个方面，可以体现在工作岗位也可以体现在非工作岗位，可以由员工本人也可以由其家庭成员及亲戚朋友付出或获得。企业成员之间通过附加劳动的交换，互相配合、互相支持、互相帮助，因为附加劳动付出是企业成员自身能够做到的，而附加劳动回报是企业成员自身无法做到的，所以附加劳动回报的价值往往大于付出的价值。比如企业里的一名中层管理人员要想把工作干好，上要有领导的支持，下要有员工的帮助，左右要有相关人员的配合，而且自己说干得好没有用，要领导和同事认可才行。

附加劳动付出和附加劳动回报的二重性，使企业在劳动交换过程中既要肯定附加劳动付出又要肯定附加劳动回报，造成企业成员价值观念的二重性。

第三章

企业成员行为方式的"互体主义"

企业文化管理的互体主义模式

企业成员的行为方式是受价值观念支配的，有什么样的价值观念就有什么样的行为方式，也就形成什么样的企业文化模式。中国、美国和日本的历史文化不同，所形成的价值观念不同，企业成员行为方式就不同。"个人主义"企业文化模式以典型美国企业为代表，"集体主义"企业文化模式以典型日本企业为代表，中国企业文化模式则是"互体主义"。深受美国历史文化影响的"个人主义"和深受日本历史文化影响的"集体主义"都是一点论，与企业成员在商品生产和经营中形成的二重性价值观念相矛盾，从本质上是阻碍商品经济发展和全球化趋势的，反映中国历史文化的"互体主义"是两点论，与企业成员在商品生产和经营中形成的二重性价值观念相符合，从本质上是促进商品经济发展和全球化趋势的。

用"互体主义"的理念来分析。"个人主义"是个人单打独斗的棍子模式，企业每个岗位上的成员都是一根独立的棍子，其行为方式呈阳性，企业为独阳不生的封闭式组织。"集体主义"是集体成员同生共死的绳子模式，企业每个岗位上的成员都是拧在一起的丝线，其行为方式呈阴性，企业为孤阴不长的封闭式组

第三章 企业成员行为方式的"互体主义"

织。"互体主义"是互体守望相助的链子模式，企业每个岗位上的成员都是链子上环环相扣的一节，其行为方式一方面呈阳性、另一方面呈阴性，按照同性相斥、异性相吸的原理互相连接在一起，企业为阴阳互补的开放式组织（如图3-1所示），链子模式进一步二维连接就是网子模式，再进一步三维连接就是网状体模式，各种网络本质上都是由互体连接起来的，网络时代就是"互体主义"时代，《易经·系辞》中说："一阴一阳之谓道。"

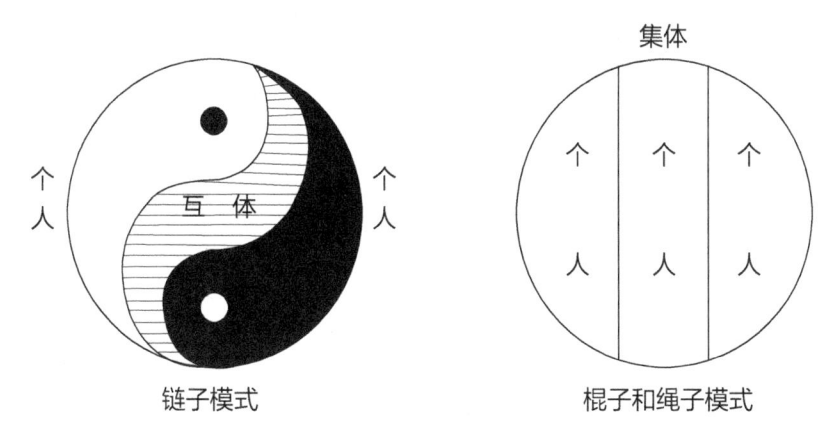

图3-1 不同的企业文化模式图

第一节 企业成员行为方式与环境

企业成员的行为方式不但受价值观念的支配,而且与企业组织环境互为因果关系,企业组织环境不同,其成员行为方式就不同,反之亦然。用"互体主义"理念来分析:若企业成员以个人为中心,企业组织环境呈阳性;若企业成员以集体为中心,企业组织环境呈阴性;若企业成员以互体为中心,企业组织环境既有阴性又有阳性,呈阴阳互补。

一、人事相生的雇用制度

"个人主义"文化背景的企业实行的是"因事找人"的雇用制度,那么,"人"必须配合"事"的需要,是以事为主的管理方法,如果人不符合事的要求,就要换人,所以主动辞职或被动解雇经常发生,这就形成企业短期雇用的特点。以事为主的短期雇用使企业组织环境呈阳性的个人主义,短期雇用可以使企业对市场做出快速反应，降低劳动力成本，促进人才流动，增强企业竞争力和活力。但短期雇用适合低技术含量的岗位，不利于员工的技能开发，员工就业缺少安全感，造成员工对企业的长期和整体发展不感兴趣，员工流动量大，增加了人员培训费用，优秀人才容易跳槽。

"集体主义"文化背景的企业实行的是"因人设事"的雇用制度，"事"就要配合现有的"人"，是以人为主的管理方法，如果事不符合人的条件，就要调事，所以人不会变动，反而是工作不断调整，这就形成企业长期雇用的特点。以人为主的长期雇用使企业组织环境呈阴性的集体主义，长期雇用使员工就业有了安全感，企业员工队伍稳定，促进员工技能的全面提高，有利于员工相互了解和密切配合，增强企业凝聚力。但长期雇用容易形成"铁饭碗"，造成员工吃企业大锅饭的局面，论资排辈不利于调动员工的积极性。

"互体主义"文化背景的企业实行的是"人事相生"的制度，"人"和"事"相辅相成，是人事兼顾的管理方法，如果人和事出现不匹配的情况，既可以换人也可以调事，企业和员工都有很大的灵活性，这就形成企业弹性雇用的特点。人事兼顾的弹性雇用使企业组织环境呈既有阴性又有阳性的"互体主义"，其中，人为阳、事为阴，不拘泥于短期还是长期，根据不同的人和事具体问题具体分析，扬长避短最大限度地发挥组织的作用。

二、人谋天成的晋升方式

"个人主义"文化背景的企业实行的是"我谋我成"的晋升方式，就是围绕企业目标，由我去谋划，由我去实现，如果考核达到目标要求，就必须快速晋升，否则员工就要离开企业，如果没有达到目标要求，就要接受惩罚，甚至被解雇。"我谋我成"的快速晋升使企业组织环境呈阳性的个人主义，讲究个人奋斗，用数据说话，以考核为手段，通过竞争实现"优胜劣汰，适者生存"。但快速晋升使一些对企业了解不全面的人进入了领导岗位，人与人、部门与部门之间互不通气，每个人都盯着自己能够独立完成的那些事情。

"集体主义"文化背景的企业实行的是"共谋共成"的晋升方式，就是围绕企业目标，大家共同谋划、共同实现，员工逐年按一定标准缓慢晋升,人员之间的级别差以在本企业工作时间长短为依据,工作时间越长表示对企业贡献越大,职位就越高。"共谋共成"的缓慢晋升使企业组织环境呈阴性的集体主义,依靠集体的力量,老员工影响带动新员工,新员工尊敬学习老员工,大家团结一致为共同的目标而奋斗;但晋升缓慢造成奖罚不明,压制优秀员工的快速成长。

"互体主义"文化背景的企业实行的是"人谋天成"的晋升方式,就是围绕企业目标,由我去谋划,成与不成看"天意",其实就是看客观条件,包括自然条件和社会条件,如果成功是天助我也,就可以晋升,如果没有成功,不是自我努力不够,就是客观条件不具备。"人谋天成"的动态晋升使企业组织环境呈既有阴性又有阳性的"互体主义",其中,人谋为阳、天成为阴,动态晋升不局限于晋升的快慢,而是既要看实际工作绩效,又要看是否得到领导的肯定和员工的拥护,这样才能调动各方面的积极性。

三、一专多能的职业道路

"个人主义"文化背景的企业员工走的是专业化职业道路,

即便在多个企业工作过,但总是从事同一种专业工作,企业内部横向流动比较少,这种专业化的职业道路使企业组织环境呈阳性的个人主义,员工在自己的专业上不断提高,但对企业中的其他专业却不甚了解,员工之间很难密切配合。

"集体主义"文化背景的企业员工走的是非专业化职业道路,先后从事若干种专业,但总是在同一个企业工作,企业外部的纵向流动比较少,这种非专业化的职业道路使企业组织环境呈阴性的集体主义,员工在固定的企业内部不断轮换岗位,员工之间虽然能够密切配合,但没有自己固定的专业,容易成为企业的附庸。

"互体主义"文化背景的企业员工走的是一专多能的职业道路,有自己擅长的专业,同时对相关专业有所了解,这样既可以在企业内部横向交流,又可以在企业外部纵向流动,灵活机动,企业和员工都可以根据具体情况做出有利选择。这种一专多能的职业道路使企业组织环境呈既有阴性又有阳性的"互体主义",其中,一专为阳、多能为阴,一专多能不偏执于专业化或非专业化的单一职业道路,员工技能又专又广,可充分发挥员工的各种潜能,使之得到点面结合的发展,成为复合型人才,能适应各种情况变化。

第二节 企业成员行为方式的表现

企业成员的行为方式在价值观念和组织环境的交互作用下，呈现不同的表现形式，用"互体主义"理念来分析：有阳性的"个人主义"，阴性的"集体主义"，还有一阴一阳的"互体主义"。

一、互相协调的决策过程

"个人主义"文化背景的企业的决策主体是个人，企业的各级组织决策都由这一级组织的最高领导者个人做出，个人按照职责范围做出决策，不需要和别人商量，组织的其他成员只能执行决策而不能参与决策。这种决策过程使企业成员的行为方式呈阳性的个人主义，个人决策能做到迅速有效，责任明确，充分发挥领导者个人的主观能动性，但容易造成个人独断专行，无法协调各方利益，执行过程中认同性差。

企业文化管理的互体主义模式

"集体主义"文化背景的企业的决策主体是集体,那么企业的各级组织决策都由这一级组织的全体成员集体做出,大家以共同的企业宗旨为前提,在广泛征求意见和充分协商的基础上集体做出决策,组织的全体成员不仅是决策的执行者,也是决策的参与者。这种决策过程使企业成员的行为方式呈阴性的集体主义,集体决策能做到集思广益,富于创造性,能够调动各方积极性,执行过程中认同性强,但决策时间长,过程复杂,没有明确的责任人,而且当供选方案数不少于三个时,可能出现群体偏好循环排序现象,即在集体中无法得出多数人的意见。

"互体主义"文化背景的企业的决策主体是互体,企业的各级组织决策都由这一级组织中有直接工作关系的互体做出,互体双方在组织中的位置不同,看问题的角度就不同,但其在同一组织中又有共同的利益,这就需要互相协调,求大同存小异,通过双方的偏好转换,在妥协的基础上达成一致。这种决策过程使企业成员的行为方式呈一阴一阳的"互体主义",其中,主导者为阳、辅助者为阴,主导者是各级组织的最高领导者,辅助者是最高领导者的直接下级,主导者虽然有决策权但需要辅助者帮助决策，辅助者虽然没有决策权但可以影响决策，因此需要互相协调。主导者和辅助者的角色是相对的，同一个人在主持下级决策时是主导者，在帮助上级决策时就是辅助者，互体决策中的主导者往往是一个人，辅助者往往是多个人，这既能发挥主导者个人的主观能动性，又能集中辅助者的集体智慧。

二、互相连带的责任制度

"个人主义"文化背景的企业的责任主体是个人，那么企业从上到下每个人都有明确的岗位职责，个人按照岗位职责独立完成自己的工作，若不能做好自己的工作则独立承担责任。这种责任制度使企业成员的行为方式呈阳性的个人主义，个人承担责任能够培养员工的独立意识，不等不靠，自己的事情自己做，自己做不好心甘情愿承担责任，而且不用考虑和其他员工的关系问题，可以专心做好自己的本职工作，但企业是个有机的整体，很少有哪项工作是完全由个人完成的，将不能完全由个人承担的责任归咎于个人，是不合理的。

"集体主义"文化背景的企业的责任主体是集体，则企业员工虽然岗位不同，但有共同的企业宗旨，大家按照企业宗旨共同做好工作，若未能做好工作则共同承担责任。这种责任制度使企业成员的行为方式呈阴性的集体主义，集体承担责任能够发挥员工的协作精神，个人的工作状况会影响集体，因此工作不分分内分外，大家互相帮助，企业好大家都好，企业不好大家都有责任，但每项具体工作都由大家共同负责，容易造成职责重叠，名为集体负责，实际掩盖了应该负责的人。

"互体主义"文化背景的企业的责任主体是互体，企业的各项具体工作既不是个人独立完成的，也不是集体共同完成的，而是由有直接工作关系的主要责任人和次要责任人协作完成的，工作没有做好则双方都要承担责任。这种责任制度使企业成员的行为方式呈一阴一阳的"互体主义"，其中，主要责任人为阳、次要责任人为阴，主要责任人指在企业某项具体工作中起主导作用的人，次要责任人指在企业某项具体工作中起辅助作用的人，主要责任人虽然在工作中起主导作用但需要次要责任人帮助完成任务，次要责任人虽然在工作中起辅助作用但可以对完成任务形成影响，因此要负连带责任。主要责任人和次要责任人的角色是相对的，同一个人在这项工作中是主要责任人，在其他相关工作中就是次要责任人，主要责任人往往是一个人，次要责任人往往是多个人，这既能培养主要责任人的独立意识，又能发挥次要责任人的协作精神。

三、互相交易的管控机制

"个人主义"文化背景的企业的管控对象是个人，则企业会把整体目标量化分解到每个岗位，给每个人明确的指标，由上级考核和管理下级，通过指标与实际工作结果的比较来评估每个人的工作绩效。这种管控机制使企业成员的行为方式呈阳性的个人主义，每个人都有清晰的岗位职责，独立完成任务，指标好像一把尺，可以明确评价每个人的工作质量。但是计划往往赶不上变化，有时候指标完成的好坏不一定代表工作努力的程度，而且容易造成个人只顾自己，对企业和同事采取不负责任的态度。

"集体主义"文化背景的企业的管控对象是集体，企业会把目标和实现目标的原则、要求、途径及方法提炼成企业宗旨，灌输给全体员工作为行动指南，衡量员工工作的标准包含在企业宗旨里面，企业用统一的标准来评估员工的工作效果。这种管控机制使企业成员的行为方式呈阴性的集体主义，员工根据企业宗旨，对各自岗位的不同情况和发展变化，采取一致的行动，共同奋斗，发挥集体的力量，但是容易造成职责不清、好坏不分、奖罚不明。

"互体主义"文化背景的企业的管控对象是互体，企业把目标落实到有直接工作关系的互体，在互体中不存在一方对另一方的单向管控，而是通过交易互相制衡，企业与企业成员及企业成员之间通过交易实现各自的目标，在交易过程中互相衡量对方对实现自己目标的作用，并对效果进行评估，进而调整交易。这种管控机制使企业成员的行为方式呈一阴一阳的"互体主义"，其中，自己的目标为阳、对方的目标为阴，在企业中自己的目标是不能完全由自己实现，要通过与企业或和自己有直接工作关系的个人交易来实现；反之，企业或和自己有直接工作关系的个人的目标也要通过与自己交易来实现，这就形成了上下、左右、前后等全方位的互体关系，在互体关系中自己很清楚应该做什么和怎么做，但做不做和做到什么程度要看对方怎样对待自己，从而起到互相管控的作用。在企业通过互体这个基本单元，不但可以正向管控，还可以反向管控，不但能管控个人，还能管控集体。

四、互相帮助的成员关系

"个人主义"文化背景的企业成员依靠的是个人，企业成员之间形成一种局部关系，即其之间的关系仅限于与完成工作任务有关的局部活动，员工按照岗位责任完成自己的工作任务，领取劳动报酬，仅此而已。这种关系使企业成员的行为方式呈阳性的个人主义，局部关系有利于排除人情干扰，使工作在技能和效率的基础上得到客观对待，人与人之间的关系比较单纯，一切照章办事，但局部关系使企业成员之间缺乏了解，各行其是，难以形成默契，机械地执行规章制度，不能适应情况变化。

"集体主义"文化背景的企业成员依靠的是集体，企业成员之间形成一种整体关系，即其之间不只是单纯的工作关系，企业成员还通过多种纽带连成一个整体，员工以企业宗旨为核心，在工作、事业、学习、生活和情感等方面紧密联系，长期共处。这种关系使企业成员的行为方式呈阴性的集体主义，整体关系有利于增进了解，强化认同感和归属感，形成利益共同体，大家一起面对各种问题，但整体关系使企业成员之间的关系变得比较复杂，容易受人情因素影响，在执行规章制度和评价工作绩效时很难做到客观公正。

"互体主义"文化背景的企业成员依靠的是互体，企业成员之间形成一种互助关系，即其之间的关系是在分工的基础上通过互助完成工作任务，员工要想干好本职工作，不仅要自己努力，还要搞好人际关系，争取相关人员的帮助和支持。这种关系使企业成员的行为方式呈一阴一阳的"互体主义"，其中，我帮助他为阳、他帮助我为阴，企业的各项具体工作会形成一个有机的整体，每个员工都有自己的本职工作和与本职工作对应的相关工作，自己要想干好本职工作就需要相关岗位人员的帮助和支持；反之，相关岗位的人员要想干好本职工作也需要自己的帮助和支持。在互相帮助的过程中，有直接工作关系的员工不仅在工作上直接互相帮助，还在事业、学习、生活和情感等方面互相帮助，从而形成整体关系，没有直接工作关系的员工仅限于工作上的间接互相帮助，从而形成局部关系，这种由近及远、由整体到局部的互助关系，能够使企业成员在亲密无间和客观公正之间保持平衡。

第四章

企业成员的事缘关系"互体"

中国传统社会以家庭为核心,在此基础上产生的"五伦"指夫妇、父子、兄弟、君臣、朋友这五种对应关系,其既有血缘关系又有事缘关系,而且事缘关系从属于血缘关系。现代商品经济社会的企业成员之间不一定有血缘关系,但一定有事缘关系,事缘关系是企业成员在商品生产经营和服务活动中,在各自的工作岗位上为了实现共同目标,因分工合作需要而结成的人际关系。事缘关系以工作岗位之间的对应关系为基本结构,在企业中每个工作岗位都与多个不同工作岗位之间有对应关系,因此每个企业成员都有多重事缘关系,这些事缘关系可以归纳为劳资、师徒、主配、上下、前后五种"人伦"(如图4-1所示)。笔者认为这五种"人伦"是中国传统"五伦"在现代企业中新的表现形式。

中国传统"五伦"和现代企业"人伦"既有不同点又有相同点。不同点是中国传统"五伦"建立在家庭基础上,以血缘关系为纽带,而现代企业"人伦"建立在企业基础上,以事缘关系为纽带;相同点是中国传统"五伦"和现代企业"人伦"都以对应关系为基本结构,而且对应双方有共同的目标,因此其伦理秩序相通、道德规范相近,都追求互利双赢,是"互体主义"的具体表现形式。中国传统"五伦"的对应关系是夫对妇、父对子、兄对弟、君对臣、朋对友,现代企业"人伦"的对应关系是劳对资、师对徒、主对配、上对下、前对后,其中,夫、父、兄、君、朋、劳、师、主、上、前为阳,妇、子、弟、臣、友、资、徒、配、下、后为阴,在中国传统"五伦"和现代企业"人伦"中,每一伦都是由一阴一阳构成的,阴阳通过互利交换结成互体关系。即《易经·系辞》中所说:"一阴一阳之谓道"。

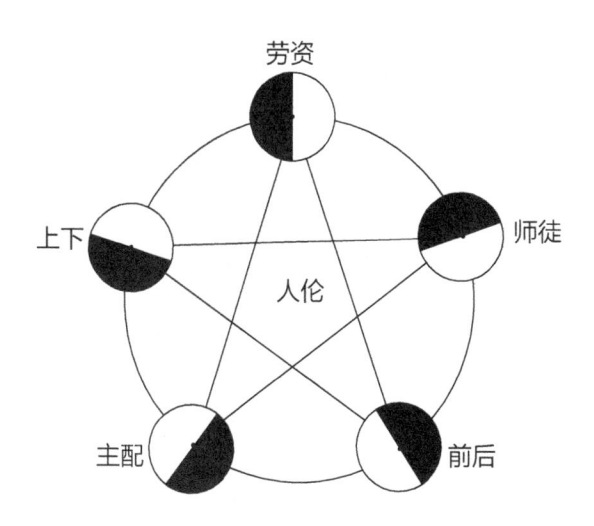

图4-1 企业成员事缘关系图

第一节　劳资的互体关系

中国传统"五伦"造端乎夫妇，夫为阳、妇为阴，夫妇结合组成家庭；现代企业"人伦"起始于劳资，劳为阳、资为阴，劳资结合组成企业。在生产过程中，企业的劳资关系如同家庭的夫妇关系，劳如夫、资如妇。

一、劳资有别

劳资在企业中的区别使其结成商品生产事缘。劳指人的劳动，属阳，劳动是人们改变劳动对象使之适合自己需要的有目的的活动，包括脑力劳动和体力劳动，在企业商品生产中人的劳动是生产的主体，这是因为人的劳动是一切生产的源泉，人即便不使用工具也能进行生产，只是效率不高而已，要提高效率就要使用工具，而工具本身也是人的劳动生产出来的。资指生产资料，属阴，生产资料是劳动者进行生产时所需要使用的资源或工具，包括劳动工具和劳动对象，在企业商品生产中生产资料是生产的客体，这是因为生产资料是生产的媒介和对象，不管是自然的还是人造的生产资料都是客观存在的，每种生产资料都有自己的特性，人要使用生产资料进行生产，就要学习和掌握运用生产资料的科学技术。

属阳的人的劳动和属阴的生产资料结合起来才能进行商品生产，在生产过程中人运用劳动工具进行脑力和体力劳动，使劳动对象发生预期的变化，生产结束时劳动和劳动对象结合在一起，劳动物化了，劳动对象被加工了，形成了能满足人们某种需要的商品。在商品生产中人的劳动和生产资料是相互转化的，生产资料中的劳动工具是人的劳动创造的，人用劳动工具加工劳动对象的最终目的是生产生活资料，人消费生活资料又会创造出新的劳动力，人的劳动离开了生产资料将徒劳无功，生产资料离开了人的劳动将毫无意义。

二、劳义资听

要想在企业中搞好商品生产，就必须处理好劳资之间的互体关系。劳指劳动者，属阳，从表面上看劳动者受雇于企业出卖劳动力，是从属的一方，其实在商品生产中劳动者是创造的一方，这就要求劳动者不断提高自身素质，在劳动中发挥主观能动性，保质保量完成生产任务。资指投资者，属阴，从表面上看投资者拥有企业的所有权，是控制的一方，其实在商品生产中投资者是保障的一方，这就要求投资者根据企业经营状况及时足额供给资金，为劳动提供物质条件，保证生产的正常进行。

属阳的劳动者和属阴的投资者通过互利交换结成互体关系，包括基本劳动交换和附加劳动交换，劳动者和投资者在商品生产中协同共事就是在进行基本劳动交换，通过基本劳动交换，劳动者得到了生产资料的使用权，投资者得到了劳动力的使用权。然而，要搞好商品生产只进行基本劳动交换是不够的，还要在此基础上进行附加劳动交换，劳动者对投资者要"义气"，帮助投资者提高收入、降低成本、增加利润，实现企业良性长远发展；投资者对劳动者要"听从"，为劳动者提高技能、改善条件、增加工资服务，实现劳动者健康全面发展。在附加劳动交换中，劳动者和投资者不但可以互相增益，还可以促进基本劳动交换。

第二节　师徒的互体关系

中国传统家庭中，父为阳、子为阴，父子传承；现代企业有了师徒，师为阳、徒为阴，师徒结合传承企业文化。在传承过程中，企业的师徒关系如同家庭的父子关系，师如父、徒如子。

一、师徒有亲

师徒在企业中的亲近使其结成文化传承事缘。师指师傅，属阳，在企业文化传承中师傅的作用是传授，传授是指师傅把知识、经验、技艺等教给徒弟，传授内容既包括生产技术和工作经验，又包括价值观念和行为方式，企业中的师傅和学校中的老师不同，老师是职业挣工资，师傅是副业尽义务，因此企业要给师傅发带徒津贴。徒指徒弟，属阴，在企业文化传承中徒弟的作用是继承，继承指徒弟把师傅的知识、经验、技艺等接受过来，继承的内容既包括生产技术和工作经验，又包括价值观念和行为方式，企业里的徒弟和学校里的学生不同，学生是学知识打基础，徒弟是学技能干工作，因此徒弟的学习针对性强，注重实际效果。

属阳的师傅和属阴的徒弟结合起来才能进行企业文化传承。在传承过程中师傅要做的是传、帮、带，"传"指师傅讲给徒弟听、做给徒弟看，"帮"指师傅帮助徒弟学、帮助徒弟做，"带"指师傅带领徒弟提高水平。徒弟要做的是学、练、用，"学"指徒弟听师傅讲、看师傅做，"练"指徒弟讲给师傅听、做给师傅看，"用"指徒弟离开师傅独立操作。师傅对徒弟要做到因材施教，扶上马送一程，徒弟对师傅要做到带着问题学，青出于蓝而胜于蓝。在企业文化传承中，师傅和徒弟是代代相传的，现在的徒弟有的就是将来的师傅，师傅的师傅是师爷，徒弟的徒弟是徒孙，师傅离开了徒弟的继承就是后继无人，徒弟离开了师傅的传授就是无本之木。

二、师慈徒孝

师徒要想在企业中搞好文化传承，就必须处理好师徒之间的互体关系。师指为师者，属阳，在企业文化传承中为师者一般是在本企业长期工作的老员工，但不是所有老员工都能成为师傅，只有那些技术业务骨干和企业文化认知程度高的老员工才能成为师傅。徒指为徒者，属阴，在企业文化传承中为徒者一般是刚进入企业工作的新员工，所有新员工要想干好本职工作都必须拜师学艺，学习技术业务和企业文化，如此才能适应岗位工作要求，学徒期限一般以三年为宜。

属阳的为师者和属阴的为徒者通过互利交换结成互体关系，包括基本劳动交换和附加劳动交换，为师者和为徒者在文化传承中协同共事就是在进行基本劳动交换，通过基本劳动交换，为师者的传授得到了为徒者的继承，为徒者的继承获得了为师者的传授。然而，要做好文化传承只进行基本劳动交换是不够的，还要在此基础上进行附加劳动交换，为师者对为徒者要"慈爱"，爱徒如子、精心培养，从思想、工作、生活、情感等方面关心和帮助为徒者全面发展；为徒者对为师者要"孝敬"，尊师重道、虚心学习，为为师者做一些力所能及的事情，给予物质和精神上的回报。在附加劳动交换中，为师者和为徒者不但可以互相增益，还可以促进基本劳动交换。

第三节　主配的互体关系

中国传统家庭中的兄弟，兄为阳、弟为阴，兄弟守望互助；现代企业员工因角色的不同便产生了主配，主为阳、配为阴，主配结合工作互助。在互助过程中，企业的主配关系如同家庭的兄弟关系，主如兄、配如弟。

一、主配有序

主配在企业中的次序使其结成工作互助事缘。主指主角，属阳，在企业工作互助中主角的作用是承担，承担指对本职岗位的工作负主要责任，承担的内容是由岗位职责规定的，每个岗位所承担的工作是不同的，凡是岗位职责规定应由本岗承担的工作，这个岗位上的员工就要在这项工作中唱主角。配指配角，属阴，在企业工作互助中配角的作用是辅助，辅助指对相关岗位的工作负次要责任，辅助的内容也是由岗位职责规定的，每个岗位所辅助的工作是不同的，凡是岗位职责规定应由本岗辅助的工作，这个岗位上的员工就要在这项工作中唱配角。

属阳的主角和属阴的配角结合起来才能形成工作互助，在工作互助过程中每项工作都是由主角来承担的，但不是单独承担，而是在配角的辅助下承担，主角负责每项工作的直接操作，配角负责提供支持和保障，主配各负其责共同完成每项工作。在工作互助中主角和配角是相互转换的，从事本职工作时你是主角，从事相关工作时你就是配角，你的本职工作是别人的相关工作，别人的相关工作是你的本职工作。做主角时要充分借助配角，但不能依赖配角，推卸责任；做配角时要积极辅助主角，但不能代替主角，喧宾夺主。主角离开配角的辅助就是单打独斗，配角离开了主角的承担就是一盘散沙。

二、主良配悌

主配要想在企业中搞好工作互助，就必须处理好主配之间的互体关系。主指为主者，属阳，在企业工作互助中为主者从事的是本职工作，这就要求为主者不但要有强烈的责任心还要有过硬的专业技能；配指为配者，属阴，在企业工作互助中为配者从事的是相关工作，这就要求为配者不但要有成人之美的奉献精神，还要有相应的多种技能。

属阳的为主者和属阴的为配者通过互利交换结成互体关系，包括基本劳动交换和附加劳动交换，为主者和为配者在工作互助中协同共事就是在进行基本劳动交换，通过基本劳动交换，为主者的承担得到了为配者的辅助，为配者的辅助支持了为主者的承担。然而，要做好工作互助只进行基本劳动交换是不够的，还要在此基础上进行附加劳动交换，为主者对为配者要"善良"，出成绩大家都有收益，出问题自己主动承担，体谅为配者的难处，帮助其解决辅助工作中遇到的困难；为配者对为主者要"逊悌"，全力满足为主者的工作需要，从各方面为其创造有利条件，使其能够集中精力干好承担的工作，尊重为主者的地位，配合而不争功。在附加劳动交换中，为主者和为配者不但可以互相增益，还可以促进基本劳动交换。

第四节　上下的互体关系

中国传统政治中的君臣，君为阳、臣为阴，君臣结合管理国家；现代企业组织中人员因职级不同便产生了上下，上为阳、下为阴，上下结合管理企业。

一、上下有义

上下在企业中的义理使其结成经营管理事缘。上指上级，属阳，在企业管理中上级的作用是制订计划，也就是劳心，计划指通过对组织外部环境与内部条件的分析，提出的在未来一定时期内要达到的组织目标以及实现目标的方法途径，制订计划包括认识机会、确定目标、分析条件、拟定可行方案、评价方案、选择方案、制订派生计划、编制预算等步骤，计划能为组织指明方向，降低环境变化的冲击风险，减少浪费和重叠，设立控制的标准。下指下级，属阴，在企业管理中下级的作用是执行计划。执行力指有效利用资源，保质保量达成目标的能力，个人执行力包括良好的工作方式与习惯、熟练掌握管人与管事的相关管理工具、正确的工作思路与方法等。执行是目标与结果之间的桥梁，是战略实施中不可或缺的一环，是各级人员的主要工作，是企业管理的落脚点。

属阳的上级和属阴的下级结合起来才能进行企业管理，在管理过程中情况是不断变化的，因此，上级制订计划时要考虑下级实际情况，既要有高度又要切实可行；下级执行计划时要领会上级意图，既要努力实现又要适当调整，上下各司其职在变化中实现组织目标。在管理工作中，上级和下级是相对而言的，同一主体要对上级负责执行计划，对下级负责制订计划，每一级都同时从事着计划和执行工作，上级的计划如果离开下级的执行就是纸上谈兵，下级的执行如果离开上级的计划就是没头苍蝇。

二、上仁下忠

要在企业中做好经营管理，就必须处理好上下之间的互体关系。上指为上者，属阳，在企业管理中为上者是引领的一方，这就要求为上者要站得高、看得远，把握前进方向，指挥和协调部下实现组织目标；下指为下者，属阴，在企业管理中为下者是追随的一方，这就要求为下者要听指挥、守纪律，紧跟前进步伐，干好领导分配的工作，保证组织目标的实现。

属阳的为上者和属阴的为下者通过互利交换结成互体关系，包括基本劳动交换和附加劳动交换。为上者和为下者在经营管理中协同共事就是在进行基本劳动交换，通过基本劳动交换，为上者的计划得到了为下者的执行，为下者的执行实现了为上者的计划。然而，要做好经营管理只进行基本劳动交换是不够的，还要在此基础上进行附加劳动交换，为上者对为下者要"仁爱"，帮助为下者解决执行计划中遇到的各种困难，爱护、礼遇、信任、培养为下者；为下者对为上者要"忠诚"，给为上者提供制订计划的真实信息和依据，拥护、尊重、理解、支持为上者。在附加劳动交换中，为上者和为下者不但可以互相增益，还可以促进基本劳动交换。

第五节 前后的互体关系

中国传统人际交往中，朋为阳、友为阴，朋友结合连接社会，现代企业工作流程的延伸便有了前后，前为阳、后为阴，前后结合连接工作。在连接过程中，工作的前后关系如同社会的朋友关系，前如朋、后如友。

一、前后有信

前后在企业中的信任使其结成工作流程事缘。前指前岗，属阳，在工作流程中前岗的作用是交付半成品或阶段性工作；后指后岗，属阴，在工作流程中后岗的作用是接收半成品或阶段性工作。

属阳的前岗和属阴的后岗结合起来才能进行工作连接，在工作流程中前岗要想把自己完成的半成品或阶段性工作交付出去，就必须满足后岗对质量的要求，只有合格的半成品或阶段性工作才能交给后岗，将不合格的半成品或阶段性工作交给后岗，就会对后岗甚至最终产品或整体工作造成不良影响；后岗根据质量要求可以接收也可以拒收半成品或阶段性工作。接收就要在前岗的基础上完成自己的工作，延续工作流程，拒收就是退回前岗返工，中断工作流程，前岗和后岗之间只有互相信任才能使工作流程顺畅。在工作流程中前岗和后岗是相对的，一项工作从开始到结束，按照流程大多要经过若干个岗位才能完成，除了最后一个岗位，每一个岗位相对于后面的岗位都是前岗，同时，除了第一个岗位，每一个岗位相对于前面的岗位都是后岗，每一个岗位既是前岗又是后岗，形成环环相扣的工作链，前岗离开后岗的接收就是半途而废，后岗离开前岗的交付就是无米之炊。

二、前惠后顺

要想在企业中搞好工作流程，就必须处理好前后之间的互体关系。前指为前者，属阳，在工作流程中为前者处于前一环节的位置，这就要求为前者要开好头、打好基础；后指为后者，属阴，在工作流程中为后者处于后一环节的位置，这就要求为后者要接好棒，扩大成果。

属阳的为前者和属阴的为后者通过互利交换结成互体关系，包括基本劳动交换和附加劳动交换。为前者和为后者在工作流程中协同共事就是在进行基本劳动交换，通过基本劳动交换，为前者的工作得到了为后者的接续，为后者的工作获得了为前者的基础。然而，要做好工作流程只进行基本劳动交换是不够的，还要在此基础上进行附加劳动交换，为前者对为后者要"惠及"，帮助为后者解决前一环节造成的各种问题，在干好自己工作的基础上为后一环节着想，给为后者提供便利；为后者对为前者要"顺应"，向为前者反馈后一环节的各种信息，在努力消除前一环节遗留问题的同时干好自己的工作，少给为前者添麻烦。在附加劳动交换中，为前者和为后者不但可以互相增益，还可以促进基本劳动交换。

第五章

企业成员的精神家园"礼堂"

企业文化管理的互体主义模式

现代企业文化是建立在事缘关系基础上的,如果说事缘"人伦"是企业成员之间的现实互体,那么事缘"信仰"就是企业成员与先辈之间的精神互体,现代企业如何表现事缘"信仰"呢?笔者在此提出企业"礼堂"的设想。"礼堂"作为企业成员告慰先辈及举行企业文化活动的场所是事缘"信仰"的象征,可使企业成员有限的职业生涯在企业的延续中获得"永生","礼堂"是每个企业成员的精神家园。在事缘"信仰"中,礼堂是物质载体属阳、告慰是精神联系属阴。(如图5-1所示)即《易经·系辞》所说:"一阴一阳之谓道。"

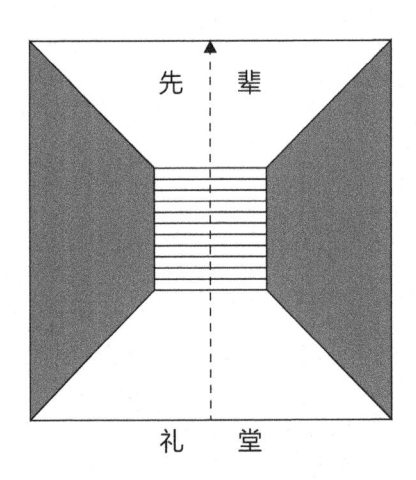

图5-1 企业成员告慰先辈图

一、礼堂建筑风格

现代企业礼堂的建筑风格指礼堂建筑在内容和外貌方面所反映的特征,礼堂作为企业成员事缘"信仰"的象征应该采用新中式建筑。中式建筑的特征是用物与物的"中和"来体现人与人的"中和",中是合异于中,双方结合才能产生中,和是和而不同,双方不同才需要和。物与物的"中和"主要表现在四合院建筑布局、三段式房屋结构和两相映装饰手法等方面;人与人的"中和"主要表现在企业成员之间和企业成员与先辈之间的事缘关系上。其中,建筑风格为阳、事缘"信仰"为阴。

二、礼堂文化要素

现代企业礼堂的文化要素指礼堂所包含的事缘"信仰"的各种成分,主要有堂名、堂标、堂联、像位、新品、企牒、企制、职校、告乐等。其中,文化要素为阳、事缘"信仰"为阴。

三、礼堂文化功能

现代企业礼堂的文化功能指礼堂在事缘"信仰"中产生的各

种作用，主要有告慰、编牒、德育、职教、执纪、帮扶、礼仪等。其中，礼堂功能为阳、事缘"信仰"为阴。

四、礼堂管理制度

现代企业礼堂的管理制度指相关的各种体制机制，比如要有会长、告管等。其中，礼堂制度为阳、事缘"信仰"为阴。

第六章

企业成员互利精神的对外辐射

"互体主义"企业文化模式有两个主体，追求的是互利，"个人主义"企业文化模式和"集体主义"企业文化模式都只有一个主体，追求的是自利，只不过一个是个人自利，一个是集体自利。"互体主义"在企业中的具体形式是劳与资、师与徒、主与配、上与下、前与后的事缘关系，这五种事缘关系都由一阴一阳构成，其中，劳、师、主、上、前为阳；资、徒、配、下、后为阴，阴阳互利交换产生互利精神，互利精神在企业与外部环境的互相作用中对外辐射。即《易经·系辞》所说："一阴一阳之谓道。"

第一节　企业成员互利精神的辐射媒介

企业作为社会经济组织在投入、产出的过程中，随时都与外部环境进行着物质、能量和信息交换，这些交换是通过一定媒介来实现的，产出方面主要有商品媒介、人员媒介、符号媒介和传播媒介等，企业成员的互利精神通过这些媒介对外辐射（如图6-1所示），其中，辐射媒介为阳、互利精神为阴。

■ 企业文化管理的互体主义模式

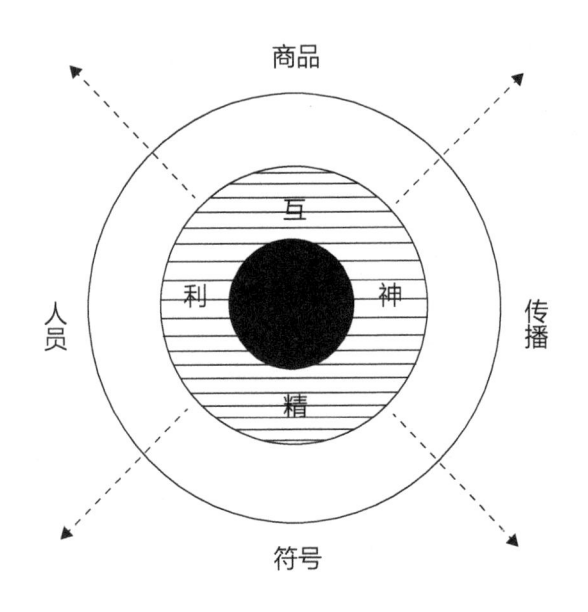

图6-1 互利精神辐射媒介图

一、互利精神的商品媒介

商品是用于交换的劳动产品,劳动产品包括有形物品、无形服务、组织、观念或它们的组合,商品中的互利精神从两个方面表现出来。一方面商品的交换过程是互利精神的表现形式,企业生产的产品不是为了自己的使用,而是通过交换满足用户的需要，用户需要的产品不是自己生产的，而是通过交换得到别人生产的产品。另一方面商品本身就是互利精神的物化形式，具体表现在产品的功能、效用、品质、样式、尺寸、色彩、商标、包装、送货、安装、维修、咨询等方面。产品的本质是借助人造物来满足人的需要，不仅要满足人的生理需要，而且要满足人的心理需要，是人们生产和生活的物质基础，现代人须臾也离不开产品，人们越来越生活在人造物的世界中，商品的竞争归根到底是满足和开发人的需要的竞争。其中，商品媒介为阳，互利精神为阴。

二、互利精神的人员媒介

人的行为是受思想支配的，企业成员的行为指在生产经营过程中受互利精神支配的各种活动，包括内部活动和外部活动两个方面。一方面企业成员在内部活动中，其行为受企业成员内生互利精神的支配；另一方面企业成员的内生互利精神必然反映在各种外部活动中，主要有市场调查、产品推销、提供服务、供货协作、公平竞争、守法经营、爱心公益、信息沟通、金融信贷、资源利用、环境保护等。企业成员在代表企业的对外活动中是一手托两家，既不能只对企业己身有利，也不能只对他人有利，而是要互利双赢，只是各自获利的形式和多少不同而已。其中，人员媒介为阳，互利精神为阴。

三、互利精神的符号媒介

符号是人们共同约定用来指称一定对象的标志物。企业各种标志物都可以成为表现互利精神的具体象征，主要有企业名称、企业标志、标准字、标准色、吉祥物、象征图案、标语口号、旗帜、歌曲、建筑风格、工作服装、用品、商品广告、陈列展示等。其中，企业标志是核心，包括企业自身标志和商品标志，标志可分为图形标志、文字标志和复合标志三种，图形标志是以富于想象或关联的事物来象征企业，运用隐喻、抽象、正负共生、同构共生等方法创造出表现互利精神的艺术形象；文字标志是以有意义的文字造型为基点，通过对其变形或抽象改造使之图案化来象征企业，根据文字结构、含意、读音等，运用书法、美术等手段表现互利精神；复合标志指综合运用图形和文字组合设计的标志，图文并茂。其中，符号媒介为阳，互利精神为阴。

四、互利精神的传播媒介

传播指利用一定的媒介和途径所进行的,有目的的信息传递活动,对企业来说可以利用各种传播媒介和途径把互利精神传递给目标公众。传播媒介有大众传播媒介和人际传播媒介,大众传播媒介包括图书、报纸、杂志、广播、电视、网络等,人际传播媒介包括接待来访、对外联系、举办展览、组织座谈等。传播途径有口碑传播、营销传播、广告传播、新闻传播、公益传播等。其中,传播媒介为阳,互利精神为阴。

第二节 企业成员互利精神的辐射对象

企业外部环境是企业生存和发展的条件，外部环境中与企业有事缘关系的个人、组织和自然环境都是企业成员互利精神辐射的对象，主要有消费者、供应商、竞争者、金融机构、政府部门、社区、新闻界和自然环境等（如图6-2所示）。企业成员互利精神的对外辐射，就是企业与辐射对象进行互利交换结成互体关系的过程，如果说企业成员之间的事缘关系是内互体，那么，企业与辐射对象之间的事缘关系就是外互体，一方是企业组织，另一方可以是个人、组织或自然环境。其中，企业组织为阳，辐射对象为阴。

第六章 企业成员互利精神的对外辐射

```
        1. 企业与消费者
        2. 企业与供应商
        3. 企业与竞争者
        4. 企业与金融机构
  8 6 4 2 互利 1 3 5 7
        精神
        5. 企业与政府部门
        6. 企业与社区
        7. 企业与新闻界
        8. 企业与自然环境
```

图6-2　互利精神辐射对象图

一、企业与消费者的互利交换

企业对应消费者时呈现为生产者。在自己生产自己消费的自然经济条件下，生产者和消费者是混沌未开的一体。随着商品经济的发展产生了专门为消费者提供产品的生产者，将原来的一体分为两方，一方是生产者为阳、另一方是消费者为阴，双方因需要而相互吸引，所以在商品经济中又重新结合起来成为互体。

属阳的生产者通过与属阴的消费者进行互利交换结成互体关系，包括基本利益交换和附加利益交换。

商品经济将生产者和消费者分开，那么这两方就有了各自的基本利益，生产者要向消费者卖出商品和服务、实现价值、收入货币，而且收入要高于生产成本；消费者的要向生产者买入商品和服务、得到使用价值、付出货币，而且付出要低于自己生产的成本。生产者和消费者各自的基本利益只能通过对方来实现，这就要进行基本利益交换。

在商品经济中生产者和消费者为了实现基本利益还要进行附加利益交换。生产者要多做有利于消费者的事情，以诚信为本，不生产销售假冒伪劣产品和服务，维护消费者权益，帮助消费者增加产品、服务、人员、形象等价值，降低时间、体力、使用等成本，让消费者感到满意，在此基础上加强与消费者的信息交流和感情沟通，赢得消费者忠诚，并进一步做到创造需求，引领消费。消费者也要做出有利于生产者的反应，尊重生产者的劳动成果，拒绝浪费和过度消费，做到健康、环保、可持续、负责任消费，要支持优秀生产者的发展，对于满意的产品，不但自己买还要带动周围的人一起买，经常购买那个生产者的产品就是对那个生产者的最大支持，对于已经购买的产品要掌握使用方法和保养知识，减少退换和维修，让生产者有利可图，并进一步关心生产者的生产经营动态和提出改进意见。

二、企业与供应商的互利交换

企业对应供应商时呈现为制造商。商品经济初期，大多数商品从原材料到产成品在一个手工作坊内就能完成，制造商和供应商是混沌未开的一体。随着技术复杂程度的提高和专业化的发展，产生了专门为制造商提供原材料或零部件的供应商，将原来的一体分为两方，一方是制造商为阳、另一方是供应商为阴，双方因需要而相互吸引，所以在供应链上又重新结合起来成为互体。

属阳的制造商通过与属阴的供应商进行互利交换结成互体关系，包括基本利益交换和附加利益交换。

在供应链上将制造商和供应商分开，那么这两方就有了各自的基本利益。制造商要向供应商买入原材料和零部件，付出货币，而且付出要低于自己制造的成本；供应商要向制造商卖出原材料和零部件，收入货币，而且收入要高于供应成本，制造商和供应商各自的基本利益只能通过对方来实现，这就要进行基本利益交换。

在供应链上制造商和供应商为了实现基本利益还要进行附加利益交换，制造商要多做有利于供应商的事情，对有共同理念、能共创价值的供应商要深度合作，帮助供应商提高原材料和零部件的质量、降低成本、缩短供货时间，建立信息共享平台，提供技术和管理支持，变事后检查为事前控制，签订长期供货合同，成立联合工作组协调双方的行动；供应商也要做出有利于制造商的反应，帮助制造商开拓市场，并行研发新产品以缩短上市时间，共建信息平台，整合库存系统以加快资金周转，给予数量折扣，参与联合工作组的协调工作。

三、企业与竞争者的互利交换

企业对应竞争者时呈现为同业者。商品经济初期，大多数地区生产某一产品的手工作坊只有一家，同业者和竞争者是混沌未开的一体，随着需求量的增加和有利可图，便产生了生产同类产品的竞争者，将原来的一体分为两方，一方是同业者为阳、另一方是竞争者为阴，双方因需要而相互吸引，所以在产业集群里又

第六章 企业成员互利精神的对外辐射

重新结合起来成为互体。

属阳的同业者通过与属阴的竞争者进行互利交换结成互体关系，包括基本利益交换和附加利益交换。

在产业集群里将同业者和竞争者分开，那么这两方就有了各自的基本利益，同业者要保持优势，靠的是以竞争者为动力不断进步；竞争者的基本利益是要实现超越，靠的是以同业者为目标不断追赶，同业者和竞争者各自的基本利益只能通过对方来实现，这就要进行基本利益交换。

在产业集群里同业者和竞争者为了实现基本利益还要进行附加利益交换，同业者要多做有利于竞争者的事情，与竞争者共享供应和销售渠道、专业人才和信息、配套产品和研究机构、公共服务和基础设施等资源，通过交流与协作激励创新、精细分工并结成网状组织；竞争者也要做出有利于同业者的反应，帮助同业者吸收周期性的产品需求波动，服务某些细分市场，降低风险，提高产业知名度，增加货源和采购数量以提高议价能力，分担市场开发成本，助推形成技术标准。

四、企业与金融机构的互利交换

企业对应金融机构时呈现为经营实体。商品经济初期没有面向社会公众的货币信贷组织，工商业发展主要依靠自有资金，经营实体和金融机构是混沌未开的一体；随着商品经济的发展，产生了专门经营货币使用权的银行，将原来的一体分为两方，一方是经营实体为阳、另一方是金融机构为阴，双方因需要而相互吸引，所以在资金市场中又重新结合起来成为互体。

属阳的经营实体通过与属阴的金融机构进行互利交换结成互体关系，包括基本利益交换和附加利益交换。

在资金市场中将经营实体和金融机构分开，那么这两方就有了各自的基本利益，经营实体通过向金融机构借款获得生产经营所需的资金；金融机构通过向经营实体贷款获得利息收入，经济实体和金融机构各自的基本利益只能通过对方来实现，这就要进行基本利益交换。

在资金市场中经营实体和金融机构为了实现基本利益还要进行附加利益交换，经营实体要多做有利于金融机构的事情，按照匹配原则确定一家长期合作的金融机构作为主办银行并开立基本账户，将贷款转为存款，为金融机构增加派生存款，密切与金融机构的资金业务往来，适当购买理财产品，帮助金融机构开拓新业务，当出现对金融机构不利消息时不挤提而是共渡难关；金融机构也要做出有利于经营实体的反应，重点支持把自己确定为主办银行的经营实体，保证经营实体有安全可靠的借贷资金来源，利用自身优势为经营实体提供全方位金融服务，帮助经营实体开拓业务以创造价值，当经营实体遇到困难时给予资金救助，发展社区金融机构以服务小微经营实体。

五、企业与政府部门的互利交换

企业对应政府部门时呈现为经济法人。在传统社会，经济组织依附于政治组织，政府部门与经济主体是混沌未开的一体，进入现代社会，产生了独立于政府部门的经济法人，将原来的一体分为两方，一方是经济法人为阳、另一方是政府部门为阴，双方因需要而相互吸引，所以在现代社会里又重新结合起来成为互体。

属阳的经济法人通过与属阴的政府部门结成互体关系，包括基本利益交换和附加利益交换。现代社会将经济法人和政府部门分开，那么这两方就有了各自的基本利益，经济法人依法得到政府部门的保护，能够正常进行生产经营活动；政府部门依法向经济法人征税，用于公共财政支出，经济法人和政府部门各自的基本利益只能通过对方来实现，这就要进行基本利益交换。

在现代社会里经济法人和政府部门为了实现基本利益还要进行附加利益交换。经济法人要多做有利于政府部门的事情，遵守国家法律法规，服从政府的管理和调控，支持政府工作，积极为政府决策提供帮助；政府部门也要做出有利于经济法人的反应，改进政府工作认为经济法人提供全方位的优质高效服务，促进经济法人改善经营管理以提高经济效益，对符合国家产业政策的经济法人实行税收优惠和财政补贴，鼓励经济法人开发新产品、采用新技术，帮助经济法人培养专业人员，支持人才引进。

六、企业与社区的互利交换

当企业对应社区时呈现为商家。在早期社会中，社区和商家是混沌未开的一体，后来，经过社会分工，手工业和商业从农业中分离出来，随之原来的一体分为两方，一方是商家为阳、另一方是社区为阴,双方因需要而相互吸引,所以在工商社会中又重新结合起来成为互体。

属阳的商家通过与属阴的社区进行互利交换结成互体关系,包括基本利益交换和附加利益交换。工商社会将商家和社区分开,那么这两方就有了各自的基本利益,商家要获得社区的经营场所和社会服务;社区要借助商家繁荣经济和完善功能,双方各自的基本利益只能通过对方来实现,这就要进行基本利益交换。

在工商社会中,商家和社区为了实现基本利益还要进行附加利益交换,商家要多做有利于社区的事情,参与社区建设维护公共秩序,支持各项公益事业,保护良好生存环境,冠名赞助各种活动,提供就业和实习机会;社区也要做出有利于商家的反应,支持商家发展,协调邻里关系,创造良好的生产和生活环境,培养和输送合格的从业人员,做商家的忠实顾客经常就近购买其商品和服务。

七、企业与新闻界的互利交换

企业对应新闻界时呈现为工商界。近代报刊出现以前没有专门传播公共信息的人，工商界和新闻界是混沌未开的一体，后来，随着贸易范围的扩大和交易信息量的增加，识字率的提高和印刷术的应用，产生了专门传播公共信息的报刊行业，将原来的一体分为两方，一方是工商界为阳、另一方是新闻界为阴，双方因需要而相互吸引，所以在信息传播中又重新结合起来成为互体。

属阳的工商界通过与属阴的新闻界进行互利交换结成互体关系，包括基本利益交换和附加利益交换。

在信息传播中将工商界和新闻界分开，那么这两方就有了各自的基本利益，工商界通过新闻界宣传自己的企业和商品并树立良好形象；新闻界通过工商界获得真实信息并进行舆论监督，工商界和新闻界各自的基本利益只能通过对方来实现，这就要进行基本利益交换。

在信息传播中，工商界和新闻界为了实现基本利益还要进行附加利益交换，工商界要多做有利于新闻界的事情，与理念相同的新闻界人士交朋友，保持长期联系，联合举办活动，适时召开新闻发布会；新闻界也要做出有利于工商界的反应，以事实为根据从积极和善意的角度进行报道，提供有利于工商业发展的资讯，当商家生产经营遇到困难的时候给予报道寻求帮助，站在公众利益的角度提出建议，反馈报道效果。

八、企业与自然环境的互利交换

企业对应自然环境时呈现为造物组织。人类在漫长的发展历程中长期主要依靠采集和狩猎为生，造物组织和自然环境是混沌未开的一体，后来，发展出手工业生产和机械化大生产，人类开始利用自然规律生产人造物来获得生活资料，将原来的一体分为两方，一方是造物组织为阳、另一方是自然环境为阴，双方因需要而相互吸引，所以在社会生产中又重新结合起来成为互体。

属阳的造物组织通过与属阴的自然环境进行互利交换结成互体关系，包括基本利益交换和附加利益交换。

社会生产将造物组织和自然环境分开，那么这两方就产生了各自的基本利益，造物组织要从自然环境中获得生产所需的各种资源；自然环境需要造物组织减少生产造成的环境污染，保持生态平衡，造物组织和自然环境各自的基本利益只能通过对方来实现，这就要进行基本利益交换。

在社会生产中，造物组织和自然环境为了实现基本利益还要进行附加利益交换，造物组织要多做有利于自然环境的事情，由先污染后治理向以预防为主转变，在生产过程中使用清洁的原材料和能源，采用不产生环境污染的生产技术、工艺和设备，从产品设计开始就考虑在生产、使用和处置的全过程中不产生对人类和环境有毒有害的影响，既要保护自然环境又要"道法自然"，建立符合人类需要的生态平衡，达到"天人合一"的境界；自然环境也要做出有利于造物组织的反应，比如，人们可以调节自然环境增强对造物组织排放物的自净能力，以获得更好的生产和生活环境。

结语

企业管理的跨文化协同

在经济全球化的今天,无论是否跨国经营,企业都将受到外来产品和外来文化的影响,跨文化企业管理已经成为当今企业特别是跨国企业的重要课题。

企业作为经济组织按形成机制可分为他组织和自组织,如果一个系统靠外部指令形成组织,就是他组织;如果不存在外部指令,系统内部按照某种默契的规则,各尽其职、协调地自动形成有序结构,就是自组织。"个人主义"企业文化模式和"集体主义"企业文化模式都是他组织模式,这两种模式都要在跨文化企业管理中追求不同文化的融合,其实质是消除不同文化的差异性,本书提出的"互体主义"企业文化模式是自组织模式,是要在跨文化企业管理中追求不同文化的协同,其实质是利用不同文化的差异性。(如图1所示)

跨文化企业管理协同步骤如下。

第一,找出不同文化的差异性。

方法主要有文化分维和文化比较。文化分维是把文化分解成多个维度从中找出不同文化的差异性,并把它运用到企业管理中,如霍夫斯泰德把文化分解成六个维度:权力距离;不确定性规避；个人主义与集体主义；男性化与女性化；长期导向与短期导向；放纵与约束。文化比较是对不同文化背景下的企业管理进行比较从中找出差异性，如威廉·大内对美日企业管理从七个方面进行比较：雇佣制度；决策制度；责任制度；控制机制；晋升方式；职业发展；员工关怀。

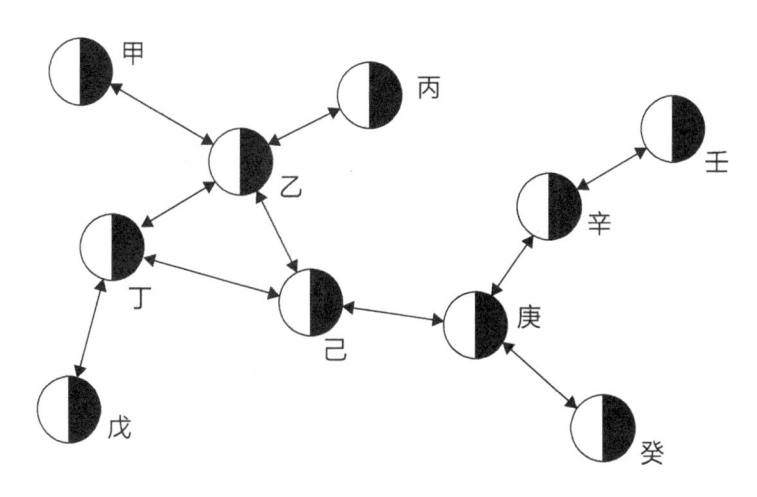

图1 跨文化企业管理自组织图

第二，认识和理解差异性。

认识差异性有两种方法。一是培训，指对接触不同文化的企业成员有针对性地进行培训，培训的内容主要有不同文化的语言、思维、行为、习俗、生活方式和背景等，培训的形式主要有专家授课、集体研讨、环境模拟、组织活动等。二是体验，指企业成员在实际工作中自己亲身经历、实地领会不同文化的差别，而且要注意区分文化差异和非文化差异、典型差异和个别差异的不同。

理解差异性指对其他文化的理解必须建立在对自身文化的深刻理解之上，这种文化的自我意识，能够使人们在跨文化交往中，获得识别自身文化和其他文化不同之处的参照系，既能够通过自身文化来理解其他文化，又能够通过其他文化来反观自身文化。

第三，跨文化交叉思考。

在实际工作中，企业成员要学会运用不同文化来描述共同问题，既要从自身文化角度考虑问题，又要从其他文化角度考虑问题，对共同问题产生的不同认识，要弄清其背后的文化假设，为了解决面临的共同问题，就要在文化假设的基础上寻找自身文化和其他文化的交叉点，在两种文化交叉汇合的地方互相激发灵感，产生解决问题的新思路、新方法。

第四，跨文化协同行动。

"互体主义"企业文化模式，把事缘关系的五种"人伦"视为企业自组织的五个子系统，每个子系统都是由一阴一阳构成的"互体"，既劳为阳、资为阴；师为阳、徒为阴；主为阳、配为阴；上为阳、下为阴；前为阳、后为阴。当"互体"中存在两种不同文化时，如果一种文化处于阳位，则另一种文化就处于阴位，每种文化并没有固定的阴阳位置。"互体"为了实现共同目标，在交叉思考的基础上就会使两种不同文化协同行动，阳位文化要主动协调阴位文化，阴位文化要积极配合阳位文化，两种不同文化互相拓展能力，结果是互相有利、整体增强，从而实现1+1＞2的协同效应。其实，"互体"中本身就存在互利交换，两种不同文化的差异只是扩大了互利空间。在企业自组织中，企业成员可以在五个子系统之间转换多种角色，从而使子系统之间发生相互联系和作用，当一个企业成员对应"资"的时候呈现为"劳"，是劳资系统；对应"师"的时候转换为"徒"，是师徒系统；对应"配"的时候转换为"主"，是主配系统；对应"上"的时候转换为"下"，是上下系统；对应"后"的时候转换为"前",是前后系统。如果五个子系统各自分别存在两种不同文化,企业成员在角色转换中就会与多种具有不同文化属性的人产生协同行动,如果再考虑一个阳位文化对应多个不同阴位文化或一个阴位文化对应多个不同阳位文化的情况,企业成员在角色转换中就会与更多的具有不同文化属性的人产生协同行动。

参考资料

[1] 白话易经编译组. 白话易经 [M]. 中国民间艺术出版社, 1989.

[2] 全国干部培训教材编审指导委员会. 马克思列宁主义基本问题 [M]. 人民出版社, 2002.

[3] 史际春, 温烨, 邓峰. 企业和公司法 [M]. 中国人民大学出版社, 2001.

[4] 夏于全. 四书五经 [M]. 内蒙古人民出版社, 2002.

[5] 中国传统文化经典文库编委会. 老子 [M]. 陕西旅游出版社, 2003.

[6] 苏叔阳. 中国读本 [M]. 辽宁教育出版社, 2000.

[7] 塞缪尔·亨廷顿. 文明的冲突与世界秩序的重建 [M]. 周琪, 刘绯, 张立平, 等译. 新华出版社, 1998.

[8] 威廉·大内. Z理论——美国企业界怎样迎接日本的挑战 [M]. 孙耀君, 王祖融, 译. 中国社会科学出版社, 1984.

[9] 黎永泰, 黎伟. 企业管理的文化阶梯 [M]. 四川人民出版社, 2003.

[10] 王超逸, 李庆善. 企业文化教程 [M]. 中国时代经济出版社, 2006.

[11] 曾仕强. 中国式管理 [M]. 中国社会科学出版社, 2006.

[12] 陶永谊. 互利: 经济的逻辑 [M]. 机械工业出版社, 2011.

[13] 王鹤鸣，王澄. 中国祠堂通论 [M]. 上海古籍出版社，2013.

[14] 斯蒂芬·P. 罗宾斯，玛丽·库尔特. 管理学 [M]. 孙键敬，黄工伟，王凤彬，等译. 中国人民大学出版社，2004.

[15] 弗雷德·鲁森斯. 组织行为学 [M]. 王垒，译. 人民邮电出版社，2004.

[16] 夏冬林主编. 会计学 [M]. 清华大学出版社，2006.